interconnections	
Au-Pair-Box	
www.au-pair-box.com	
Kostenlose Vermittlungen von Au Pairs und Kindermädchen / Nannies	
Familien können sich um ein Au Pair oder Kindermädchen bewerben.	
u.v.m.	

Als Aupair nach Australien

ENGLISCH UND ANDERE SPRACHEN LERNEN
Was darf's sein?

- Sprachtraining für den Beruf (Engl., Span., Franz., Italien., Russ.)
- Sprachreisen für Erwachsene (wie vorstehend, auch Portugiesisch u. Chinesisch)
- Schülersprachreisen (Engl., Span., Franz., Italien.)
- High School, 6–12 Monate Schulbesuch im Ausland (USA, Kanada, Australien, Neuseeland, Großbritannien, Irland, Spanien, Frankreich)
- Gap Year / Sabbatjahr (bis zu einem Jahr aussteigen, weltweit reisen, bis zu drei Sprachen lernen)
- Praktika im Ausland (USA, Kan, Aus, NS, GB, IRL, F)

Bitte fordern Sie den passenden Katalog an:
vertrieb@interconnections.de

interconnections — D O W N   U N D E R

Jobhopping – Down Under
Der Working-Holiday-Reiseführer
ISBN 13: 978-3-86040-126-2

Bis zu zwölf Monate im Traumreiseziel Australien leben, arbeiten und reisen – das „Working Holiday"-Visum macht's möglich. Dieses Buch erklärt, was „Working-Holiday" ist und wie sich ein solcher Aufenthalt planen und erfolgreich durchführen läßt.

Nachzulesen sind u.a.:

– über 200 wichtige Adressen für arbeitssuchende Jobber, jobbende Reisende und andere arme Schlucker mit Rucksack

– wie man auf ein paar Nächte eine Gratisunterkunft bei wildfremden Leuten ergattert, ohne es mit ihnen zu verscherzen

– welche grandiose Nudelmarke – ein wahres Kultobjekt – sich zigfach lecker abwandeln läßt und so bereits manchem Backpacker das Überleben erlaubte

– über zehn spannende Tätigkeitsfelder für arbeitswütige Working-Holiday-Reisende

http://shop.interconnections.de

Homestays – Austausch, Sprachenlernen kostenlos
www.homestays.de

Auslandsreiseversicherung für Working-Holiday-Maker, Aupairs, Animateure, Sprachschüler u.a Langzeitreisende

Bei einem Aufenthalt im Ausland wird ein sinnvoller Versicherungsschutz nötig. Die Versicherung hier sollte keinesfalls gekündigt werden, sondern nur ruhen, denn würde man krank zurückkehren, so würde keine Versicherung einen aufnehmen wollen.

In Zusammenarbeit mit einem Versicherer bieten wir eine auf die Bedürfnisse von Langzeitreisenden zugeschnittene Lösung.

Beim Zeitraum läßt es sich bis zu zwei Jahren Auslandsaufenthalt wählen. Typische Kunden sind neben Working-Holiday-Reisenden, Animateuren, Aupairs, Sprachschüler, Studenten, Praktikanten, nicht entsandte Arbeitnehmer im Ausland und Langzeiturlauber. Besonderheit: auch bei Unterbrechung des Auslandsaufenthaltes ist man abgesichert.

Wer z.B. seinen Auslandsaufenthalt unterbricht, um beispielsweise zu Weihnachten daheim zu sein oder seine Reise vorzeitig beenden muß, dem werden unkompliziert und ohne die Berechnung einer Bearbeitungsgebühr, alle überzahlten Beiträge erstattet.

Unterlagen bitte per Mail oder schriftlich anfordern.
interconnections, Schillerstr. 44, 79102 Freiburg
Tel. +49 761 700 650, Fax +49 761 700 688
vertrieb@interconnections.de   www.interconnections.de

Start in Australien

Was gibt es Besseres als ein Praktikum in Australien zu abzuleisten, am besten auch noch bei einem Unternehmen aus den deutschsprachigen Ländern?

Unser Firmenverzeichnis wird laufend aktualisiert und enthält Hunderte von Adressen auf dem ganzen Kontinent mit Emailadresse, Beschreibung, Gründungsjahr, Zahl d. Beschäftigten u.ä.

Vorteile eines Praktikums in Down-Under:
– Arbeitserfahrung u. australische Arbeitswelt
– Sprungbrett zu einer Karriere zu Hause
– ev. späterer Einstieg im Falle einer Auslandstätigkeit oder bei Auswanderung

http://shop.interconnections.de

| interconnections | B u c h - T i p p |

Abenteuer Au-Pair
USA und Europa
Erfahrungsberichte, Tipps, Adressen
ISBN: 3-86040-025-8

Alle Höhen und Tiefen des Au-Pair-Daseins werden behandelt: Eingewöhnung, Probleme mit dem Kind, ein Wechsel der Familie wegen unerträglicher Spannungen, Heimweh, neue Freundschaften, Freizeitspaß und Reisen.

Die Autorin, die nach ihrer Rückkehr aus den USA längere Zeit bei einem namhaften Au-Pair-Vermittler tätig war, gibt eine gründliche Einführung. Themen sind Bewerbung, Vorbereitung, Taschengeld, Rechte und Pflichten, Sprachprobleme, Sprachschulen, Freunde finden.

http://shop.interconnections.de

BÜCHER KOSTENLOS!

Gute Reiseberichte und substantielle Beiträge belohnen wir mit einem Buch aus unserem Programm.

Wir suchen auch fertige Manukripte zu interessanten, zum Verlagsprogramm passenden Themen.

Näheres bei „Shop - Bücher", „Bücher kostenlos" unter

www.interconnections.de

Traumland Australien
Auswandern leicht gemacht

Barbara Barkhausen

interconnections

Strandpromenade St Kilda in Melbourne

Traumland Australien
Auswandern leicht gemacht

Ratgeber zu Arbeit, Leben, Alltag und Menschen

Barbara Barkhausen

interconnections

AKTUALISIERUNGEN ZUM BUCH
www.down-under-org

Impressum

Reihe Jobs & Praktika
Barbara Barkhausen
Traumland Australien – Auswandern leicht gemacht
Ratgeber zu Arbeit, Leben, Alltag und Menschen
ISBN 978-3-86040-133-0, Bd 38
2009 – 2008
Umschlagfotos: Küstenlandschaft in Victoria, Aborigine-Junge
Umschlag, Layout, DTP-Satz: Linuxnet-Online

Copyright: Verlag interconnections
Schillerstr. 44, D – 79102 Freiburg
Tel. 0761 700650, Fax 0761 700 688
info@interconnections.de
www.interconnections.de

Inhalt

Zur Autorin 9
Danksagung 9
Vorwort 10

Australien – ein Überblick 13
New South Wales und Sydney 16
Victoria und Melbourne 17
Südaustralien und Adelaide 18
Tasmanien und Hobart 19
Northern Territory und Darwin 20
Queensland und Brisbane 21
Westaustralien und Perth 23
Australian Capital Territory (ACT) und Canberra 24

Leben in regionalen Gegenden 25
   Leben im Outback 25
   Schulunterricht im Outback 26
   Ärztliche Hilfe aus der Luft 26
   Ureinwohner 26
Auswanderer Story: Outback – nein danke! 28
Mentalität und „Kulturschock" 31
   Australier helfen gerne 31
   Gesprächsthemen und Humoristisches 31
   Gutes Benehmen und Verhalten gegenüber Kindern 32
   Der australische „Underdog" 32
   Australische Küche 33
   Nachrichtensendungen 33
   Nationalstolz und wichtige Feiertage 34
   Bürokratie versus „No worries"-Mentalität 35
   Sport, Glücksspiel und Pferderennen 35
Visum 36
   Einwanderungsberater 36
   Temporäre versus permanente Visa 37
   Gefragte Berufe 37
   Beglaubigung und Übersetzung der Dokumente 39

IELTS Sprachtest 39
Medizinische Tests 40
Was sind eigentlich „Regional Areas"? 40
Wartezeiten 41
Wichtigste Visatypen 41
1. Skilled Visa 41
2. Employer Sponsored Visa 45
3. Business Skills und Investment Visa 46
4. Sponsorship von Partnern und Familienmitgliedern 47
5. Beliebte Visakategorien bei befristeten Aufenthalten 48
Umzug nach Australien **53**
Zoll- und Quarantänebestimmungen 55
Haustiere 56
Zehn Punkte, wenn's ernst wird 58
Zehn Punkte, wenn man endlich in Australien ist 59
Ein Dach über dem Kopf **60**
Zustand der Wohnungen 60
Heizung und Klimaanlage 60
Ungeziefer – Hilfe, da krabbelt was 60
Wasserhähne 62
Bilder aufhängen 62
Wohnungen mit Blick und Stil 62
Schränke, Lampen, Vorhänge und Küche sind vorhanden 63
Das „Three Bedroom House" 64
Wohnungssuche 64
Mieten (To let/for rent) 64
Kaufen (For sale) 65
Wer noch Wohnungseinrichtung braucht 67
Autofahren in Australien **68**
Öffentliche Verkehrsmittel 68
Exkurs: Car Sharing 69
Autokauf 69
Preis und Zustand von Gebrauchtwagen 70
Kauf von Privat versus Dealer 70
Exkurs: Car Buying Services 71
Kauf bei einer Auktion 71
Auto anmelden 71

Roadworthiness Certificate oder RWC oder Pink Slip 73
Tipps zum Kaufvertrag 73
Nach dem Kauf des Autos 73
Autoversicherungen 73
Verkehrsregeln 74
Führerschein 77
Einige Kuriositäten und Tipps rund ums Thema Auto 78
Arbeiten in Australien **80**
Arbeitsmarkt und Gehälter 81
Jobsuche 82
Die Jobsuche aus dem Ausland 84
Vor Arbeitsbeginn in Australien müssen organisiert werden 84
Arbeitszeit, Krankheitstage, Urlaub und Mutterschutz 85
Gewerkschaften 85
Die eigene Firma gründen 86
Bewerbung 88
Geschäftsstil – Business-Tipps Down Under 89
Auswanderer Story: Ausgewandert nach Australien
und ins Glück **91**
Steuern in Australien **95**
Was wird versteuert? 95
Was kann man absetzen? 95
Die verschiedenen Steuerformen 96
Steuern entrichten 96
Doppelbesteuerungsabkommen 97
Steuervorteile für temporäre Residents 98
Versicherungen **99**
Hausratversicherung 99
Krankenversicherung 99
Exkurs Gesundheitssystem 100
Rente in Australien 101
Bankwesen 102
Mit Kindern nach Australien **104**
Angebote für Kleinkinder 104
Schulunterricht Down Under 106
Privatschulen versus öffentliche Schulen 107
Studium und Berufsausbildung in Australien 106

Schule in Australien – Studium in Europa 108
Englisch als „zweite Muttersprache" 108
Deutsche Auslandsschulen 109
Auswanderer Story: Doppelt hält besser **110**
Gefahren des Fünften Kontinents **113**
Sonne, Buschfeuer und Meeresströmungen 113
Fahrten im Outback 113
Giftspinnen 114
Giftschlangen 115
Giftige Quallen 116
Eingeschleppte Gifttiere 118
Krokodile und Haie 118
Freizeittipps Down Under **120**
Australiens Naturschönheiten 120
Kultureller Nachholbedarf 121
Deutsche Kultur, Treffpunkte und Medien 122
Australische Medien 123
Sport in Australien 123
Essen und Trinken 124
Shopping in Australien 125
Deutsche, österreichische und Schweizer Waren in Australien .. 126
Auswandern auf Zeit **127**
Schüleraustausch oder Sprachkurs 127
Studium oder Berufsausbildung 128
Praktikum 130
Working Holiday - Backpacking 131
Auswanderer Story: Eine Kölnerin wird zum Surfstar **134**
Gut zu wissen von A-Z **137**
Australischer Slang 145
Adressen- und Linkverzeichnis **152**
Australische Botschaften in Deutschland, Österreich, Schweiz .. 152
Deutsche, österreichische u. Schweizer Botschaften i. Australien 153
Europäische Wirtschaftskontakte in Australien 157
Australische Wirtschaftskontakte in Deutschland 158
Interessante Weblinks 159
Beratungsstellen für Auswanderer und Auslandstätige 159
Index 162

Zur Autorin

Barbara Barkhausen ist Print- und TV-Journalistin und arbeitet seit über fünf Jahren als freie Auslandskorrespondentin in Sydney (Australien). Schon während ihres Studiums (Kommunikationswissenschaft, Englische Literatur und Kunstgeschichte an der LMU in München) arbeitete sie für verschiedene Zeitungen, Agenturen, Radio- und Fernsehsender. Nach der Universität arbeitete sie zunächst beim ZDF-Landesstudio in München und wechselte von dort zur Bavaria Film in Geiselgasteig. Nach fünf Jahren als Redakteurin, Projektleiterin und später Chefin vom Dienst zog sie mit ihrem Mann nach Sydney und machte sich selbständig. Als Auslandskorrespondentin bedient sie heute deutsche Zeitschriften und TV-Sender und hat kürzlich ein Buch über die deutsch-australischen Wirtschaftsbeziehungen herausgebracht. 2008 erscheint ein Fotokinderbuch mit australischen Motiven von ihr beim Carlsen-Verlag. Barbara Barkhausen betreibt auch die Informationsseite www.infobahnaustralia.com.au.

Danksagung

Herzlich bedanken möchte ich mich für die Unterstützung von: Margot Obrist und Giselher Dietrich, die als Einwanderungsberater in Australien tätig sind, bei Franz Reichwein, dem Sydney-Korrespondenten der Bundesagentur für Außenwirtschaft, dessen Tipps zu Wirtschaftsthemen sehr wertvoll waren, bei Wolfgang Babeck von der Rechtsanwaltskanzlei Dibbs Abbott Stillman, bei Bernhard Lobmayr aus Adelaide, Melanie Carli aus Sydney, Edith Barkhausen aus Bremerhaven und bei Ratherskaran Dominic aus Bremen, dessen persönliche Erfahrungen im Kapitel „Auswandern auf Zeit" eingeflossen sind. Ebenfalls bedanken möchte ich mich bei all den Auswanderern, die mir ihre Geschichten zur Verfügung gestellt haben und bei meinem Mann Michael, der geduldig die langen Nächte ertragen hat, die ich vor dem Computer verbrachte.

Vorwort

Australien hat seinen Bewohnern viel zu bieten: Traumstrände, herrliche Regenwälder, uralte Felsformationen, einmalige Ausblicke, exotische Pflanzen und Tiere, ein gesundes Wirtschaftswachstum, genügend Arbeitsplätze, eine multikulturelle Gesellschaft ... Die Liste könnte beliebig fortgeführt werden.

Städte wie Sydney oder Melbourne landen bei Umfragen stets unter den lebenswertesten Orten der Welt. Nicht umsonst gilt das sechstgrößte Land der Erde als eines der begehrtesten Auswandererziele. Allein im vergangenen Finanzjahr ließen sich über 130 000 neue Einwanderer auf dem fünften Kontinent nieder, ein 6,6 prozentiger Zuwachs zum Vorjahr.

Unter diesen 130 000 Einwanderern waren auch 1631 Deutsche und weitere 2154 gelangten über befristete Business Visa ins Land. (leider gibt es keine Statistik zu Österreichern und Schweizern).

Ich selbst kam vor über fünf Jahren mit meinem Mann über ein Sponsorship seiner Firma nach Australien. Wir wollten nur auf ein Jahr hier bleiben, doch wir verliebten uns in unseren neuen Heimatort Sydney, in das glitzernde Meer, die freundlichen Menschen, die bunten Papageien, die frechen Possums und die lachenden Kookaburras.

Possums sind oft zutraulich

Bei all unserer Begeisterung erlebten wir auch jenen „Kulturschock", den man vielleicht nicht erwartet, wenn man in ein offensichtlich „westliches" Land mit europäischem Einfluss auswandert. Ich erinnere mich noch gut, wie verzweifelt ich das Einwohnermeldeamt gesucht und es nicht gefunden hatte – da es gar nicht existiert. Wie geschockt wir über den Zustand so mancher Wohnungen waren, die in unserer Preisklasse lagen, aber in denen Schmutz, Spinnweben und Kakerlaken Überhand genommen hatten. Wie unser erstes erstandenes „neues/altes" Auto seinen Geist aufgegeben hatte und wie ich nach Verständigungsschwierigkeiten das erste Mal mit gelben Haaren (statt dezenten Strähnchen) aus dem Friseurladen gekommen war. Oder wie ich die erste harmlose aber handtellergroße Huntsman-Spinne in der Wohnung fand, die erste Giftspinne gesehen habe oder feststellte, dass wir eigentlich keine Bilder in der Wohnung aufhängen durften, da das in Mietwohnungen nicht gerne gesehen wird.

Aber „no worries" („keine Sorge"), wie der Australier so gerne und häufig sagt, mit der Zeit wird das schon alles. Und so war es auch ... Die Handwerker, auf die ich oft lange wartete, tauchten irgendwann doch auf und so regelte sich nach und nach jedes Detail. Ich brauchte für alles nur mehr Geduld und Zeit als zu Hause und war gezwungen zu relaxen und alles etwas leichter zu nehmen. Im Nachhinein einer der Gründe, warum es uns in Australien noch immer so gut gefällt.

In diesem Buch hoffe ich, Ihnen nicht nur alle wichtigen Informationen zum Leben und Arbeiten in Australien zu geben, sondern auch ein Gefühl für das Land und seine Leute. Deshalb sind die einzelnen Kapitel mit Fotos und Geschichten von Auswanderern gespickt, die es „geschafft" haben, sich auf ihrem Traumkontinent eine Existenz aufzubauen.

Australien ist sicher nicht das „Paradies auf Erden". Es hat wie jedes Land Vor- und Nachteile und jeder muss für sich entscheiden, ob es das Traumland ist oder nicht. Ebenso muss natürlich jeder für sich herausfinden, ob er die Anforderungen für ein Visum in Australien überhaupt erfüllen kann (s. Kapitel Visum).

Mein Tipp hierzu ist, sich das Ganze zumindest im Urlaub mal vorher anzuschauen und zu sehen, ob die Erwartungen, die Bücher, Fotos und Filme aufbauen, sich für den Einzelnen auch erfüllen können. Schwierig ist es sicher, vorher abzuwägen, wie wichtig einem zum Beispiel die Nähe von Familie und Freunden ist, wie sehr man am Wochenende an der Ostsee, dem Wandern in Österreich oder dem Trip zum Gardasee hängt.

Doch Auswandern ist – sobald man das Visum hat – heutzutage ja verhältnismäßig einfach. Man kommt mit dem Flieger an und man kann jederzeit innerhalb von 24 Stunden auch wieder zu Hause sein. Es ist keine gefährliche, mehrmonatige Schiffsüberfahrt mehr, und die Zeiten sind flexibler geworden. Viele Arbeitgeber lassen sich auf einen „unbezahlten Urlaub" ein, Möbel kann man einlagern lassen, die Wohnung untervermieten, wichtige Versicherungen auf Eis legen oder mit geringeren

Beiträgen (einer Anwartschaft) weiterführen. Letzteres kann vor allem bei der gesetzlichen Krankenversicherung wichtig sein, wo ansonsten wertvolle Ansprüche verloren gehen und eine Rückkehr nicht so einfach möglich ist!

Wer sich zum Auswandern entscheidet, es probiert und scheitert, dem stehen die Türen in die Heimat aber weiter offen – vor allem wenn er gut überlegt – ein paar der genannten Sicherheitsnetze eingebaut hat und die Kosten im Überblick behält. Außerdem gibt es Möglichkeiten, auch mal nur „auf Zeit auszuwandern" (mehr darüber auch in diesem Buch).

In diesem Sinne würde ich sagen, es ist alles eine Erfahrung fürs Leben und wer einen Traum auslebt, der rennt ihm wenigstens nicht sein Leben lang hinterher. Ich wünsche allen viel Glück bei ihren Vorhaben, einen guten Start im neuen Land und freue mich, wenn dieser kleine Wegweiser den Start in „Down Under" erleichtert.

Barbara Barkhausen

Vor dem Aufbruch: Kosten der Auswanderung

Bevor man sich in die Vollen stürzt, hier ein kleiner Hinweis zum Nachrechnen für jeden: welche Kosten kommen beim Auswandern auf mich zu, und kann ich mir das „Abenteuer" überhaupt leisten?

- Visumsgebühren
- evtl. Einwanderungsberater
- Flug
- Umzug (Umzugsleute, Container / Luftfracht, Zollgebühren)
- Überbrückungsgeld Anfangszeit (evtl. noch ohne Job)
- Reserve für eine etwaige Rückkehr im Falle des Scheiterns (Rückflüge, Umzug zurück etc.)

Sämtliche in diesem Buch erwähnten Kosten und Geldbeträge sind in der jeweiligen Landeswährung belassen. Das heißt, Kosten in Europa sind in Euro, Kosten in Australien in australischen Dollar. Ein australischer Dollar entspricht zum Zeitpunkt der Drucklegung dieses Buches circa 60 Euro Cent, ein Euro 1,70 $.

Eine gute Seite zur Währungsumrechnung ist zum Beispiel: *www.oanda.com*.

Australien – ein Überblick

Staaten, Städte, Outback

Australien ist das sechstgrößte Land der Erde, die größte Insel und ein eigener Kontinent, 50 % größer als Europa, aber mit der niedrigsten Bevölkerungsdichte der Welt – nur zwei Einwohner pro Quadratkilometer.
Australien gehört zu den zehn reichsten Nationen weltweit. Seine blühende Wirtschaft mit niedriger Arbeitslosigkeit und hohen Haushaltsüberschüssen macht das Land zu einem attraktiven Ziel für Auswanderer. Hier werden qualifizierte Arbeitskräfte gesucht, und die europäischen Traditionen, die Offenheit der Menschen und vor allem die englische Sprache machen den Anfang für viele einfacher als in anderen Ländern.
Schon historisch ist Australien eines der Einwanderungsländer schlechthin. Etwa einer von vier Australiern wurde nicht auf dem fünften Kontinent geboren. Noch 1945 gab es rund sieben Millionen Menschen in Australien und 90 Prozent davon waren in Australien geboren. Seitdem sind sechs Millionen Menschen aus aller Herren Länder eingewandert. Heute leben rund 21 Millionen Menschen Down Under.

Ein exzellenter Ruf in der internationalen Gemeinschaft

Australien genießt trotz seiner teilweise selbst geschaffenen Umweltprobleme (Dürre in vielen Teilen des Landes, Abholzung von Wäldern, wenig Fokus auf regenerative Energien, Gefährdung des Great Barrier Reefs, etc.), seiner Ablehnung des Kyoto Protokolls, seiner Teilnahme am Irakkonflikt und seiner relativ harten Linie im Bezug auf illegale Einwanderer (die oft jahrelang in gefängnisartige Camps gesperrt werden) einen ausgezeichneten Ruf in der internationalen Gemeinschaft. Es wird als das freundliche Land der Kängurus und Koalas portraitiert, in dem die Menschen lockerer sind und Surfen, Rugby und Cricket lieben.

Zehn Prozent der Bevölkerung sind inzwischen asiatischer Herkunft

Australien ist aber sicher nicht nur wegen seines in der Tat sehr angenehmen Lebensstiles, dem warmen Klima und seiner Naturschönheiten ein interessantes Land. Seine Nähe zu Asien macht es auch wirtschaft-

14 Australien – ein Überblick

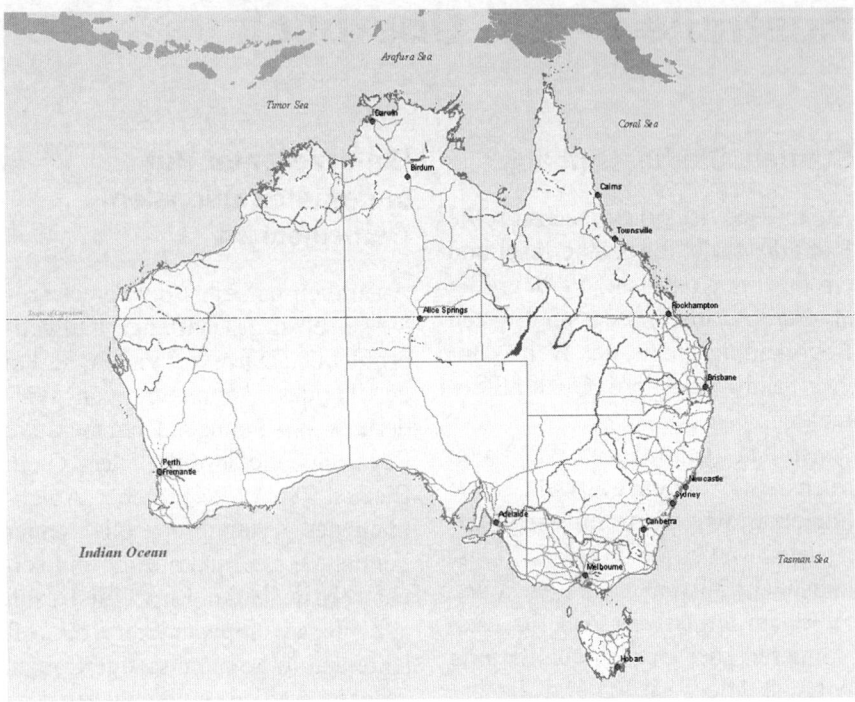

lich zu einem wichtigen Knotenpunkt. Die Verbindungen nach Asien sind vielfältig. Nicht nur durch die vielen asiatischen Studenten, die australische Universitäten besuchen und später in ihren Ländern dann Schlüsselpositionen einnehmen, in denen sie auch weiterhin dem fünften Kontinent zugetan sind, sondern auch durch die hohe Migration innerhalb der Region. Neben Englisch gehören die beiden chinesischen Sprachen Mandarin und Kantonesisch sowie Vietnamesisch zu den häufigst gesprochenen Sprachen (insgesamt werden in Australien über 200 unterschiedliche Sprachen gesprochen, inklusive 45 Aboriginal Sprachen). Auch die Schulen haben sich den wirtschaftlichen Bedingungen angepasst und bieten die Sprachen der wichtigsten Handelspartner an – Japanisch und Indonesisch.

Zehn Prozent der Bevölkerung sind inzwischen asiatischer Herkunft, und durch die ähnlichen Zeitzonen ist eine enge Zusammenarbeit einfach. Für viele deutsche Firmen ist Australien zum Beispiel ein sicheres und ideales Eingangsportal gerade in den südostasiatischen Raum geworden.

Eine boomende Wirtschaft braucht dringend Arbeitskräfte

In welche Region Australiens man als Auswanderer genau gehen möchte, ist sicher nicht nur von den eigenen Präferenzen abhängig, sondern auch von den wirtschaftlichen Stärken der einzelnen Regionen und dem Bedarf an Arbeitskräften. Besonders intensiv suchen Staaten wie Westaustralien, Queensland und Südaustralien neue Mitbürger, und wer sich gar für eine ländliche Region entscheidet, kann beim Thema Visum durchaus bessere Chancen haben.

Gott schütze die Königin

Australien besteht aus sechs Staaten (New South Wales, Victoria, Queensland, Tasmanien, Westaustralien und Südaustralien) und zwei Territorien (Australian Capital Territory und Northern Territory). Australien ist eine konstitutionelle Monarchie. Es hat ein demokratisch-föderales System und erkennt die britische Königin als Monarchin an.

Wussten Sie schon,

- dass Australien über 7000 Strände besitzt – mehr als jedes andere Land der Erde
- dass es weltweit die meisten Opale fördert
- dass es geschätzte 40 Millionen Kängurus und 140 Millionen Schafe beheimatet (Australien produziert 70 Prozent der Wolle weltweit)
- und dass es mit 24 Millionen Rindern größter Rindfleischexporteur der Welt ist?

Outbackidylle, Foto Credit Tourism Australia

New South Wales und Sydney

Am schönsten Hafen der Welt

Sydney lernt man am besten an einem sonnigen Tag auf der Fähre kennen. Wenn die Oper im Sonnenschein glitzert, die Fahnen auf der Harbour Bridge munter im Wind wehen und die Kakadus im Botanischen Garten kreischend durch die Luft fliegen. Sydney, das ist Wasser, Strand, ein buntes Gemisch an Hautfarben, kleinen asiatischen Stehrestaurants und trendigen Coffeeshops.

Der berühmte Blick auf die Skyline Sydneys

Die vier Millionen Großstadt hat sich in den vergangenen 200 Jahren gemausert: von der Strafkolonie des britischen Imperiums zu einem der wirtschaftlichen, kulturellen und finanziellen Zentren der Region. Sydney gilt bei vielen nicht umsonst als die heimliche Hauptstadt Australiens und als eine der schönsten internationalen Metropolen weltweit. Die Gegensätze könnten nicht größer sein: von wenig ansprechenden Industrievororten im Westen zu blühenden viktorianischen Vierteln am unübertroffenen Hafen der Stadt. Von suspekten Rotlichtgegenden zu fröhlichen Strandvororten nur 20 Minuten von der Innenstadt entfernt ...

Auch die Umgebung Sydneys ist verlockend und Wochenendausflüge bieten sich in die Nationalparks an, die die natürlichen Grenzen der Stadt bilden: der Kuringai National Park im Norden, der Royal National Park im Süden oder die Blue Mountains im Westen. Ebenso nah und sehenswert sind die Weinregion Hunter Valley, die romantischen Southern Highlands oder die gewaltigen Dünen von Stockton Beach in Port Stephens.

Neben Sydney ist New South Wales auch noch die Heimat zweier weiterer interessanter Städte, Industriezentren und Universitätsstandorte: Wollongong eineinhalb Stunden südlich von Sydney und Newcastle, zwei Autostunden nördlich. Während Sydney vielfach Finanzzentrum ist – hier sind die Börse, die Reserve Bank und alle großen Banken, Versicherer und Broker – ist Wollongong für seine Kohleförderung und Stahlindustrie und Newcastle für seinen Hafen, Schiffsbau und Schwerindustrie bekannt.

Victoria und Melbourne

In der Stilmetropole Australiens

Melbourne ist mit dreieinhalb Millionen Einwohnern die zweitgrößte Stadt Australiens. Sie ist am Yarra River gelegen, und es lohnt, den Abstecher auf die „andere Seite" des Flusses zu machen, um den Blick auf die imposante Skyline zu genießen. Die viktorianisch geprägte Stadt weist wenig markante Sehenswürdigkeiten auf, doch durch die vielen Grünanlagen und die zahlreichen Cafes, Kneipen und Restaurants entsteht eine besonders lebendige, ansprechende Atmosphäre. Melbourne ist auch die australische Stadt, die am meisten europäische Anklänge hat. Vor allem griechische Auswanderer haben ihr Herz für Melbourne entdeckt und nennen es scherzhaft die drittgrößte griechische Stadt. Melbourne ist elegant und ist bekannt für die vielen schönen Dinge des Lebens – Mode, Kultur, gutes Essen, Unterhaltung und Sport.

Am Wochenende bietet Melbourne etliche gute Ausflugsmöglichkeiten. Die Great Ocean Road ist nah, ebenso der interessante historische Goldgräberort Ballarat, die Mornington Peninsula, die Pinguininsel Phillip Island oder der gewaltige Grampians Nationalpark.

Wirtschaftlich ist Melbourne nicht gleichwertig mit Sydney zu sehen, auch wenn seine Institutionen deutlich aktiver sind. So hat Victoria als einziger Staat eine eigene Geschäftsrepräsentation in Frankfurt. Invest Victoria hilft australischen Firmen, die nach Deutschland exportieren wollen und deutschen Investoren in Victoria. Invest Victoria publiziert sogar einen englischsprachigen Relocation Guide für Melbourne *(www.investvictoria.com/publications)*. Diese Methode geht auf. Inzwischen haben sich zum Beispiel rund 120 deutsche Firmen in Victoria niedergelassen, darunter große Namen wie Robert Bosch, Hella oder VDO.

Zu den starken Sektoren gehören der Finanzsektor (Banken und Versicherungen) und der Immobilienmarkt. Der Schritt hin zur Serviceindustrie ist getan, auch wenn die herstellende Industrie nach wie vor zu den größten Arbeitgebern gehört. Doch Victoria fällt immer wieder durch Innovationen auf – in Biotechnologie, Design, Medizin und Umwelttechnologien zum Beispiel.

Südaustralien und Adelaide

Wo Wein und Honig fließen

Adelaide ist eine der beschaulicheren Großstädte Australiens. Nur selten schafft es die Hauptstadt Südaustraliens in das Hauptnachrichtenprogramm des fünften Kontinents. Doch die elegante Stadt mit ihren historischen Gebäuden, Kirchen und schön angelegten Parks hat eine Menge Lebensqualität zu bieten. Obwohl sie eine Million Einwohner hat, wird sie auch gern die 20 Minuten-Stadt genannt, da alles einfach und schnell erreichbar ist. Und auch Adelaides Umgebung hat etliche Reize: traumhafte Strände, das naturbelassene Kangaroo Island, Outback pur in den Flinders Ranges oder die berühmteste Weingegend Australiens – das Barossa Valley (Südaustralien ist für 70 % des australischen Weinexports zuständig, wobei Deutschland zu den wichtigsten Abnehmern zählt). Im Barossa Valley kann man übrigens auch den Spuren der ersten deutschen Einwanderer folgen. Seit Mitte des 19. Jahrhunderts strömten vor allem Protestanten nach Down Under, die in der Heimat wegen ihrer Religion verfolgt wurden. Deutsche Dörfer in Südaustralien sind zum Beispiel Hahndorf, Klemzig, Lobethal oder Bethany. Dort gibt es auch immer noch viele deutsche Produkte wie Marmelade, Wein, Brot und Wurstwaren.

Adelaide hat sich außerdem einen Namen als die Stadt der Festivals gemacht: hier werden die australischen Wagner-Festspiele, das Adelaide Bank Festival of Arts, die Clipsal 500 (Adelaide's V8 Rennen), der Adelaide Fringe, das Musikfestival WOMADelaide oder die Tour Down Under, das größte Radlerevent des Landes, veranstaltet.

„Savoir Vivre" – das verstehen die Bewohner Südaustraliens voll und ganz. Nicht umsonst sind ihr Wein und ihr Essen in ganz Australien berühmt. In Adelaide gibt es die größten Markthallen der südlichen Hemisphäre, die Adelaide Central Markets, und das National Wine Centre of Australia.

Größter Industriesektor Adelaides ist die Automobilindustrie, die über 13000 Angestellte beschäftigt. Holden produziert hier und etliche Komponentenzulieferer haben sich in Südaustralien angesiedelt.

Hobart auf Tasmanien ist die gemütlichste Hauptstadt Australiens, Foto Credit Tourism Australia

Tasmanien und Hobart

Natur pur

Tasmanien besticht vor allem durch seine idyllischen Orte (Hobart, Launceston, Port Arthur ...) und die beeindruckende Natur: dichte Wälder, klare Seen und Schnee bedeckte Berge bilden eine häufig unvorstellbare Szenerie. Tasmanien ist die größte Insel Australiens und sein einziger Inselstaat. Es ist 240 Kilometer vom Festland entfernt und besitzt 2000 Kilometer an Wanderwegen. Tasmanien ist ein beliebtes, aber beschauliches Urlaubsziel. Seine Hauptstadt Hobart erblüht einmal im Jahr in Glanz und Gloria, wenn es Zielort für die international renommierte Segel-regatta „Sydney to Hobart" zwischen Weihnachten und Neujahr spielt. Auch für Wissenschaftler ist Hobart mit seinen 200000 Einwohnern nicht uninteressant, da es Australiens Ausgangspunkt für Expeditionen in die Antarktis ist. Hier befindet sich das Hauptquartier der Australian Antarctic Division und der Heimathafen der Antarktikzulieferer-Schiffe.

Tasmaniens wirtschaftliche Stärke liegt ganz im Bereich der Lebensmittelproduktion. Hier werden exzellente Milch- und Käseprodukte hergestellt; es wird Bier gebraut, Wein gekeltert und Lachs und Wild werden gezüchtet. Außerdem bringt die wilde Abalone-Fischerei (Seeohren – Muscheln) rund 100 Millionen Dollar an Einnahmen pro Jahr.

Eine weitere wichtige Rolle spielt die Papiererzeugung, für die teils – wie zuvor erwähnt – leider wertvolle Wälder auf Tasmanien weichen müssen.

Northern Territory und Darwin

Entrückt vom Rest der Welt

Neben den Millionenstädten der Ostküste wirken die wichtigen Orte des Northern Territorys klein. Darwin hat rund 110.000 Einwohner und Alice Springs mitten im Zentrum bringt es auf nicht einmal 30.000. Beide Orte sind von Adelaide aus mit einem berühmten Zug zu erreichen, dem Ghan. Der Streckenabschnitt von Alice Springs nach Darwin wurde erst Anfang 2004 fertig gestellt – ein historisches Datum bei der Erschließung des Landes.

Darwin hat ein feuchtheißes, tropisches Klima und ist ein Schmelztiegel der Kulturen. Am berühmten Mindil Beach Sunset Market vermischen sich zum Beispiel Nationalitäten und soziale Schichten. Da riecht es nach Räucherstäbchen, indischen Currys und überreifen Mangos.

Darwin ist als Hafen ein wichtiges Gateway nach Asien und ein bedeutender Militärstandort für Australien. Urlauber finden hier dagegen einen guten Ausgangspunkt zu Touren in den Kakadu und Litchfield National Park.

Die Stadt selbst hat eine bewegte Vergangenheit. Sie wurde 1869 gegründet und als zwei Jahre später Gold im nahen Pine Creek gefunden wurde, explodierte die Bevölkerungszahl schlagartig. Im Zweiten Weltkrieg wurde Darwin als Militärbasis im Kampf gegen die Japaner genutzt; 1974 zerstörte der Zyklon Tracy die Stadt weitgehend.

Alice Springs ist die zentralste Stadt des Kontinents. Es ist mitten im roten Zentrum Australiens, 1500 Kilometer von Adelaide im Süden und weitere 1500 von Darwin im Norden entfernt. Es ist heiß wie eine Bratpfanne (35 Grad ist die sommerliche Durchschnittstemperatur!), umgeben von roter Erde und viel Nichts. Alice Springs ist zudem einer der Orte, wo der Besucher auf immer neue Überraschungen stößt. Da gibt es gutsortierte Supermärkte, Banken und Luxushotels. Ob dies aber zum dauerhaften Leben reicht, muss gut überlegt werden. Überhaupt ist das gesamte Northern Territory schwer greifbar für einen Europäer. Es ist so groß wie Frankreich, Italien und Spanien zusammen, hat aber nur etwas mehr als 200 000 Einwohner.

Das Northern Territory spielt wirtschaftlich aber eine bedeutende Rolle für den australischen Staat. Hier befinden sich große Resourcen an Gold, Diamanten und Uran. Vor allem China und Indien sind Abnehmer für den Haupt-Uranproduzenten, Ranger Mine. Vor Darwin liegen auch große Öl- und Gasfelder in der Timor Sea, die seit einigen Jahren das Interesse internationaler Ölfirmen auf sich ziehen.

Queensland und Brisbane

In tropischen Gefilden

Queensland erlebt im Moment einen unglaublichen Wirtschaftsboom, den man fast schon mit einem Goldrausch vergleichen kann. Jede Woche ziehen zwischen 1000 und 1500 Menschen von anderen Teilen Australiens in den Sonnenstaat im Nordosten des Landes. Arbeitskräfte werden an jeder Ecke gesucht und die Infrastrukturprojekte stapeln sich. Queensland hat sich in vielen Bereichen gemausert: Bio- und Informationstechnologie, die Glücksspiel- (Games-) Industrie, Medizin, Bauindustrie, Finanzindustrie – sie alle suchen fast schon verzweifelt Arbeitskräfte. Ingenieure, Krankenschwestern und Buchhalter unter vielem anderen. Der Reichtum des Staates, der fast viereinhalb Mal so groß ist wie Deutschland, beruht hauptsächlich auf dem Export von Bodenschätzen wie z.b. Kohle sowie der Ausfuhr von Rindfleisch. Deutschland gehört übrigens zu den Hauptabnehmern der Kohle und „revanchiert" sich mit dem Import von Bergbaumaschinen, die hier reißenden Absatz finden.

Viele Faktoren sprechen für einen Neustart in Queensland: das ganzjährig warme Klima und die meist entspannte Arbeitsatmosphäre. Brisbane ist die einzige der großen Städte Australiens, in der man nicht unbedingt mit Anzug und Krawatte, Kostüm und Stöckelschuhen zur Arbeit kommen muss (mehr dazu im Kapitel Job). Graham Turner zum Beispiel, ein Engländer, der die größte Reisebürokette Australiens aufgebaut hat (Flight Centre), ist immer leger gekleidet und sitzt wie alle anderen Mitarbeiter im Großraumbüro.

Doch Queenslands Städte können sich auch sonst sehen lassen. Brisbane oder Brissie, wie die Hauptstadt Queenslands liebevoll genannt wird, ist mit ihren 1,8 Millionen Einwohnern deutlich besser als ihr Ruf. Auch wenn ihr markante Sehenswürdigkeiten fehlen, so besticht die Metropole durch ihren tropischen und leicht asiatisch

Brisbane beweist exotisches Flair

angehauchten Charme. Der Brisbane-Fluss mäandert in unzähligen Biegungen und Schleifen durch die Stadt, wobei die koloniale Architektur an frühere Pionierzeiten erinnert. Denn Brisbane war einst eine Strafkolonie für besonders renitente Gefangene, wobei der heutige Botanische Garten der Gemüsegarten der Sträflinge war.

Queensland ist auch eine Hochburg des Fremdenverkehrs. Im Norden und Süden von Brisbane liegen zwei der beliebtesten Urlaubsregionen der Australier: die Gold Coast mit der Party-Hochburg Surfers Paradise und die Sunshine Coast mit dem etwas beschaulicheren Noosa im Norden. Auch Cairns ganz im Nordosten Australiens ist ein Stopp für viele Urlauber. Wie die Gold Coast oder die Sunshine Coast ist auch Cairns eine perfekt organisierte Vermarktung von Urlaub. Doch trotz des vielen Kommerzes besticht die Stadt durch ihre Umgebung: das Great Barrier Reef, das weltweit größte Korallenriff der Erde, der Daintree-Regenwald, die Atherton-Tablelands (das Hinterland von Cairns), die Quadratkilometer großen Zuckerrohrfelder – bieten definitiv eine Abwechslung zu dem, was man aus Europa kennt. Vor allem, wenn man dann auch noch die erste Python vom Baum hängen sieht oder bei einer Bootstour einem Krokodil ins Maul schaut.

Westaustralien und Perth

Kilometerlanges Nichts

Westaustralien ist ein weiterer Bundesstaat, der ein starkes wirtschaftliches Wachstum verzeichnet. Bodenschätze wie Eisenerz, Bauxit, Uran, Kohle, Kupfer, Gold, Mangan und Nickel haben ganz Australien reich gemacht, doch Westaustralien hat ebenso wie Queensland besonders davon profitiert. Manche Stadtteile in Perth bersten geradewegs vor zuviel Geld. Eine mondäne, wenn auch meist nicht unbedingt geschmackvolle Villa steht hier neben der anderen. Riesige Infrastrukturprojekte (Ganz Australien hat beim Thema Infrastruktur enormen Aufholbedarf!) stehen in Perth an und stocken, da es an Handwerkern, Ingenieuren und Baumaterialien wie zum Beispiel Ziegelsteinen fehlt. Die Produktion kommt einfach nicht hinterher, so hoch ist der Bedarf.

Perth selbst hat mit seinen 1,4 Millionen Einwohnern eine ganz besondere Stellung in Australien. Zum einen ist es eines der reichsten und blühendsten Zentren des fünften Kontinents, zum anderen ist es ab vom Schuss. Zwei bis drei Stunden Zeitunterschied sind es zum Rest des Landes, ein mehrstündiger Flug verbindet es mit den anderen Metropolen Sydney, Melbourne oder Brisbane. Asien ist da fast genauso nah ...

Diese Faktoren isolieren Westaustralien oftmals und auch die großen Entfernungen zwischen den Städten Perth-Kalgoorlie (596 km), Perth-Geraldton (424 km) und Perth-Broome (2237 km) machen das Leben nicht immer einfach.

Doch Perth hat es trotz seiner Abgeschiedenheit geschafft, ein fast schon „hippes und trendiges" Bild zu vermitteln. Dazu tragen seine Bewohner genauso bei wie die modernen Hochhäuser des CBDs (Central Business District – die jeweilige Innenstadt), der schnuckelige und historische Vorort Fremantle oder die endlosen Strände mitten in der Stadt.

Hier an den Stränden ist bereits um sechs Uhr morgens was los, denn ganz Perth scheint aus Fitnessfanatikern zu bestehen. Selbst im Winter sind hier – bei nur wenigen Plusgraden – Jogger, Schwimmer, Radfahrer und Spaziergänger in allen Altersklassen unterwegs. Man kennt sich, hält einen kleinen „Chat" am Morgen, geht danach auf einen Kaffee und einen Muffin ins Stammcafe direkt am Beach. Perth, das ist auch viel Lebensgefühl ...

Australian Capital Territory (ACT) und Canberra

Australiens Gartenstadt

Canberra ist die künstlich angelegte Hauptstadt Australiens, die entstand, nachdem man sich weder auf Sydney noch auf Melbourne als Hauptstadt einigen konnte. Canberra ist mit dem Auto in drei Stunden von Sydney aus zu erreichen. Es liegt in Richtung Landesinnere und ist sehr „geplant" und übersichtlich. Weite Straßen, große Parkanlagen, schöne Museen, kleine Seen mit Fontänen, ein imposantes Parlament etc. Wer es wagen sollte, Canberra zu Fuß zu erkunden, der muss dies schnell aufgeben ... Die Entfernungen in der 320 000 Einwohner großen Stadt sind riesig. Ob Canberra schön ist ... – da scheiden sich die Geister. Es ist auf alle Fälle picobello sauber, großzügig und hochinteressant. Hier läßt sich viel über Australien und seine Geschichte, Kultur und Politik erfahren. Letztere wird in Canberra gemacht. Das Parlament dort besteht aus zwei Kammern, dem Senat (mit 76 Sitzen – 12 aus jedem der sechs Staaten und zwei aus den beiden Territorien) und dem House of Representatives (mit 150 Sitzen).

Die meisten Einwohner Canberras sind gutsituiert. Das Durchschnittseinkommen der Bevölkerung liegt deutlich über dem in anderen Staaten. Canberras Einwohner sind Politiker, Diplomaten, Journalisten, Angestellte des öffentlichen Dienstes und Akademiker. Denn Canberra ist für seine Forschungsinstitute und -agenturen wie die CSIRO bekannt. Das ACT hat dafür keine bedeutenden Industrien – der öffentliche Sektor beherrscht die Wirtschaft Canberras.

Gerade Straßen in Canberra

Leben in regionalen Gegenden

Leben im Outback – Wo sich Fuchs und Hase gute Nacht sagen

Wer sich für einen kleineren Ort in Küstennähe entscheidet, der wird ähnlichen Integrationsschwierigkeiten gegenüber stehen wie in einer ländlichen Region in Deutschland. Wer sich jedoch für eine Outbackregion entscheidet – dort wo Städte und Dörfer immer spärlicher werden, der steht Bedingungen gegenüber, die einem Europäer bis dato unbekannt waren.

Die trockenen und halbtrockenen Outbackregionen haben eine faszinierende Anziehungskraft auf viele. Sensationelle Sonnenuntergänge, die rote Erde, Kängurus, Dingos oder große Goanna-Echsen machen das Outback zu einem oft verklärten Ort. Wer hier aber dauerhaft leben möchte, muss sich auch andere Aspekte vor Augen halten: Trockenheit, Hitze, Sandstürme, Fliegen, giftige Spinnen und Schlangen, Buschbrände, extreme Entfernungen, wenig Zivilisation und viel Einsamkeit. Es gibt einzelne Farmen von 10 bis 30 000 Quadratkilometer Fläche, vergleichbar mit manchem kleinen europäischen Land.

Insgesamt leben ungefähr zwei Drittel der australischen Bevölkerung in den großen Städten – über 66 Prozent (Quelle: Year Book Australia 2004). Weitere 31 leben in regionalen Gegenden und nicht einmal drei Prozent in abgelegenen oder sehr abgelegenen Orten.

Auf Sicherheit achten

Entsprechend der geringen Besiedelung ist auch die Infrastruktur oft mangelhaft. Der Stuart Highway ist der einzige große Highway, der den Süden mit dem Norden verbindet, und der Ghan ist der einzige Zug auf der Strecke. Das Land von Ost nach West zu durchqueren, ist sogar noch schwieriger. Einzelne Orte und auch Tankstellen sind oft 500 Kilometer weit und mehr auseinander. Deshalb empfiehlt es sich, bei Fahrten durchs Outback an gewisse Sicherheitsvorkehrungen zu denken.

- Ausreichend Wasser und Essen mitnehmen.
- An jeder Tankstelle nachtanken!
- Gutes Kartenmaterial.
- Wer im Outback eine Panne hat, verlasse niemals das Auto, um Hilfe zu holen. Bei einer Suche

aus der Luft wird ein Auto immer einfacher zu sehen sein und außerdem bietet es Schutz, spendet Schatten etc. Auch die Straßen selbst sind nicht ungefährlich, da sie zum einen natürlich auch von den vielen Wildtieren überquert werden (dies ist besonders gefährlich in der Dämmerung oder nachts) und zum anderen von den gewaltigen Roadtrains befahren werden. Einen Roadtrain zu überholen, kann aufgrund seiner Länge (drei Anhänger!) sehr schwierig sein, vor allem die herumfliegenden Steine können Scheiben beschädigen und zu Unfällen führen.

Schulunterricht im Outback

Wer mit Familie ins (wirklich entlegene) Outback zieht, der kann seine Kinder zwischen 6 und 12 Jahren durch die „School of the Air" unterrichten lassen, Schulunterricht über Funk. Später müssen die Kinder dann aber ins Internat.

Ärztliche Hilfe aus der Luft

Die medizinische Versorgung wird über den „Royal Flying Doctor Service" geleistet. Das sind fliegende Ärzte und Krankenschwestern, die verletzte und kranke Menschen auf über sieben Millionen Quadratkilometern Outback behandeln. 50 Flugzeuge sind im Einsatz und über 600 Angestellte arbeiten für den Service. Wichtig zu wissen ist es, dass die Ärzte nur dann zu Hilfe kommen können, wenn auch ein Airstrip oder eine Landebahn vorhanden ist. Grundsätzlich sollte aber ohnehin jeder Outbackbewohner ein Notfallpaket mit Medikamenten zu Hause haben.

Ureinwohner

Abseits der großen Städte wohnen auch die meisten Ureinwohner Australiens. Es ist schwierig, in wenigen Worten etwas über eine jahrtausendealte Kultur zu schreiben, die so vielfältig und komplex ist, dass die wenigsten weißen Australier sich wirklich ihrer angenähert haben. Die Ureinwohner Australiens, die Aborigines, leben seit 50 000 Jahren auf dem fünften Kontinent. Sie zählen knapp eine halbe Million Menschen und sind nicht ein Volk, sondern viele. Die einzelnen Stämme sprechen unterschiedliche Sprachen und haben unterschiedliche Traditionen. Während in den Städten oft Bilder von Alkoholismus und Drogen die Aborigine-Gemeinden prägen, leben die Ureinwohner in den einsam gelegenen Dörfern oft noch recht ursprünglich. Doch der „weiße Mann" hat sich in fast alle ihrer Territorien gedrängt, ihnen Land

Aborigine-Tänzer

und viele Rechte weggenommen und ihre Kultur in großen Teilen zerstört. Eines der wenigen noch komplett „reinen Aborigine-Territorien" ist zum Beispiel das Arnhem Land im Northern Territory. Hier brauchen Besucher eine Sondergenehmigung.

Traditionelle Aborigines haben eine vollkommen andere Lebensweise als wir westlich orientierten Menschen. Regelmäßigkeit oder Pünktlichkeit zum Beispiel sind nicht gleichermaßen in ihrer Kultur verankert. Auch die Form der klassischen Familie ist eine andere. In Aborigine-Familien spielt zum Beispiel die Verwandtschaft eine große Rolle. Die Kinder wissen von früh an, wer zur Familie gehört und wer nicht. Das müssen aber nicht unbedingt Blutsverwandte sein. Wichtig ist, dass jeder innerhalb dieser Familie teilt und sich umeinander kümmert. Oft ziehen Tanten und Omas die Kinder genauso mit auf, wie die eigenen Eltern. Von früh an sind Aborigines deshalb sehr selbständig und kommen gut alleine zurecht. Deshalb gelten sie auch früh schon als Erwachsene. Zwischen 10 und 16 Jahren erfahren sie eine sogenannte Initiation. Das ist eine Zeremonie, bei der sie vom Jungen zum Mann bzw. vom Mädchen zur Frau werden.

Leider hört man vor allem in der jüngeren Vergangenheit nicht nur idyllische Geschichten von Walkabouts, Buschtomaten oder Witchetty Grubs (die Larven von Motten, die im Inneren wie ein weiches Ei schmecken sollen und bei den Aborigines als Delikatesse gelten). Vor allem im einsamen Northern Territory, wo der Hauptanteil der Aborigines lebt, kommt es in den Dörfern immer wieder zu sexueller Gewalt gegenüber Frauen und Kindern. Dies hat solche Ausmaße angenommen, dass die Regierung sogar Polizei und Militär aus Canberra geschickt hat und das Northern Territory zum Notstandsgebiet erklärt hat.

Exkurs

Nach drei Monaten in Alice Springs hatten Carola und Björn aus Limburg die Nase voll.

Auswanderer Story: Outback – nein danke!

Carola Fegebank und Björn Elter sind mit dem Working Holiday Visum ein Jahr in Australien. Späteres Auswandern nicht ausgeschlossen ... Denn Carola hat schon vor ihrer Ankunft einen Job als Reiseverkehrsfrau in einem Reisebüro in Alice Springs im Zentrum Australiens in der Tasche. Und das Versprechen eines Sponsorships, wenn sie es nur zwei Jahre lang im Outback aushielte ...

Noch daheim in Limburg hatte Carola am Flughafen als Supervisor gearbeitet und Björn bei einer Versicherung. „Super Jobs" – wie ihre Freunde kopfschüttelnd sagten, als sie diese kündigten, um Hals über Kopf nach Australien zu reisen. Doch vor allem Carola zog es in die weite Welt.

Drei Monate hielten sie es in Alice Springs aus, Carola in ihrem Reisebüro und Björn in seinen zwei Jobs als Tour Guide und Kellner: „Die Jobs lagen auf der Straße; ich fand noch am ersten Tag etwas," sagt Björn. Auch die Wohnungssuche klappte ohne größere Probleme. Für ein modernes Dreizimmer-Apartment zahlten sie nur 265 $ in der Woche. Nur mit ihrem etwas älteren Modell von einem Auto gab es Probleme. „Das gab nach 348000 Kilometern schließlich seinen Geist auf, natürlich gerade als meine Eltern zu Besuch waren," erzählt Carola. „Wir waren zwischen Alice Springs und dem Ayers Rock unterwegs, als das Auto nur noch piepte und das Kühlwasser kochte." Und das ist kein kurzer Weg, denn im Northern Territory haben Entfernungen andere Dimensionen als in Europa. Glücklicherweise ist die Strecke nicht so einsam wie so manch andere im Outback, auch wenn die beiden Orte immerhin fünf Autostunden von einander entfernt sind. So war Hilfe nicht weit weg – „und hilfsbereit sind die Australier alle!"

Das Northern Territory ist viermal so groß wie Deutschland, 33 Mal so groß wie die Schweiz und 16 Mal so groß wie Österreich. Nur

200000 Menschen leben in diesem heißen, staubigen Gebiet. Fliegen sind im Outback eine der größten Plagen für Mensch und Tier. „Vor allem nach einem Regen in der Nähe einer Viehstation – da darf man einfach nicht stehen bleiben, da muss man sich immer bewegen," lacht Björn. Die Fliegen kriechen sonst überall hin, an die Augen, in die Nase, den Mund, die Ohren ...

Ungebetene Gäste waren die beiden während ihres Outback-Abenteuers aber ziemlich schnell gewöhnt: giftige Rotrückenspinnen, Riesenkakerlaken, handtellergroße aber harmlose Huntsman-Spinnen und einen Skorpion fanden sie in ihrer Wohnung. Schlangen blieben den beiden zumindest zu Hause erspart: „Doch in der Wildnis haben wir schon mal die eine oder andere gesehen." Und die sind dort so giftig wie sonst nirgendwo. Der Inlandtaipan zum Beispiel gilt als die giftigste Schlange weltweit.

Carola und Björn haben den Schritt nach Down Under gewagt

Doch nicht nur kleine Tiere machten Carola und Björn zu schaffen. „Einmal gingen wir in den MacDonald Ranges in einem Wasserloch schwimmen. Björn war schon im Wasser und während wir uns versahen, klaute ein Dingo ihm einen seiner Schlappen." Der freche Dingo ward nie mehr gesehen und Björn musste sich auf einem Bein hüpfend umherbewegen, denn die rote Erde heizt sich bei 35 bis 40 Grad Temperatur gewaltig auf.

Ein anderes Mal hatte es sogar 46 Grad. „Danach gab es ein gewaltiges Gewitter und es prasselte nur so runter. Selbst der Todd River, der eigentlich immer ausgetrocknet ist, führte Wasser. Alle Leute rannten zum Fluss, manche gingen sogar schwimmen. Es kühlte auf 19 Grad ab und uns war so kalt, dass wir uns nachts zum Wärmen noch Handtücher über die Bettdecken legten," erinnert sich Carola.

Obwohl sie in Alice Springs mitten im Aborigine-Land lebten, „fand ein Leben mit den Aborigines leider nicht statt." Erst registriere man sie überall und dann irgendwann nicht mehr. Björn und Carola fanden das schade: „Manche sind supernett, aber in Alice Springs sind leider viele, die zuviel trinken." Die Probleme, die die Ureinwohner umgeben, sind insgesamt vielschichtig. „Die Stämme, die um Alice Springs leben, sind alle verfeindet. Das kann dann bedeuten, dass kein Aborigine mehr bei dem Autohändler kauft, der einen feindlichen Stammesgenossen eingestellt hat."

Doch es gab auch vieles, an das sich die beiden heute noch gerne erinnern: „Die Sterne sieht man nirgendwo besser als im Outback." Denn dort fehlen die vielen Lichtquellen der Zivilisation, die das Sternenlicht trüben. „Wir haben sogar den Kometen Mac Nord gesehen, das war genial."

Genossen haben sie auch die tollen Ausflugsmöglichkeiten zum Ayers Rock oder in die MacDonald Ranges, doch insgesamt gab es einfach zu wenig Ablenkung für die beiden. „Am Wochenende gab es einfach nichts zu tun für junge Leute. Das mag anders sein, wenn man Kinder hat, aber in unserem Alter kann man hier einfach nur sieben Tage die Woche arbeiten."

Alice Springs ist mit seinen 30000 Einwohnern zwar die größte Stadt im Outback, doch trotzdem: „Jeder kennt dort jeden, und über die Geschichte mit dem Dingo und Björns Schlappen redete zum Beispiel die ganze Stadt." Schneller als gedacht waren Carola und Björn bekannt wie die bunten Hunde und das, obwohl sie noch zu den „Normaleren" in Alice Springs gehörten. „Es gibt dort einfach viele Wunderliche. Jemanden mit Kordel-Hut, Kniestrümpfen bis zum Knie, T-Shirt und kurzer Hose zu sehen, ist da nichts Ungewöhnliches."

Carola und Björn haben den Australientraum aber noch lange nicht aufgegeben. Im Moment versuchen sie sich am Obstpflücken in Queensland – es bleibt also spannend!

Anmerkung: Carola und Björns Erfahrungen sollen niemanden davon abhalten, es auch im heißen Zentrum zu versuchen. Viele Deutsche, Österreicher und Schweizer haben dort auch ihr Glück gefunden. Doch man läßt sich auf einen nochmals deutlich größeren Kulturschock ein als im Rest des Landes.

Mentalität und „Kulturschock"

Australier sind grundsätzlich freundlich und offen. „No worries, mate" oder „keine Sorge, mein Freund" hört man tatsächlich häufig im Alltagsleben. Aussies, wie die Australier sich selbst gerne nennen (in ihrem Versuch, alles und jeden abzukürzen) sind nicht einfach in einen Streit zu verwickeln. Die meisten sind die Ruhe selbst und das so sehr, dass mancher Europäer da schon ganz kribbelig wird: zum Beispiel, wenn Freunde, ein Handwerker oder ein Termin unpünktlich sind; oder wenn kaum einer einen Anruf oder eine Email beantwortet und man immer hinter allem her sein muss ...

Australier helfen gerne

Wer drängelt, erreicht nichts. Vielmehr hilft es, den Aussies den Eindruck zu vermitteln, man brauche ihre Hilfe. Denn die gesamte Nation hat ein extremes Helfersyndrom. Jeder will etwas Gutes tun. Fundraising (Spenden sammeln) für Bedürftigere und Hilfsorganisationen sowie Freiwilligenarbeit werden groß geschrieben. Die Surf Rescue (Rettungsschwimmer) spielt bei letzterer eine wichtige Rolle. Viele arbeiten an den Wochenenden ehrenamtlich. Es gibt die „Lifesaver" schon seit 1907, und sie haben inzwischen über 520 000 Menschen gerettet. Jung und alt helfen zusammen; viele bürden sich Extrajobs auf, obwohl sie schon Beschäftigung genug haben. In Manly Beach in Sydney arbeiten zum Beispiel vier Mütter, alle um die 40 Jahre, mit zusammen neun Kindern und obendrauf noch anstrengenden Vollzeitjobs. Community-Denken wird groß geschrieben und gemeinsame Unternehmungen ebenfalls. Familien treffen sich zum Beispiel meist samstagmorgens, um ihren Kindern beim Sport zuzuschauen. Dabei kommt man schnell ins Gespräch, denn ein Aussie steht nie schweigend neben einem anderen. Egal ob in der Schlange im Supermarkt, beim Arzt oder im Bus – jeder unterhält sich normalerweise mit jedem.

Gesprächsthemen und Humoristisches

Reden kann man über fast alles – nur bei wenigen Themen gebührt Vorsicht. Australier reden nicht gerne über Politik (dafür interessieren sich viele einfach nicht), übers

Geld (wieviel man verdient) oder über die Ureinwohner (Aborigines). Wer dieses Thema anspricht, kann teilweise den friedlichsten Australier erzürnen und heraus kommen manchmal erschreckend rassistische Bemerkungen. Ebenfalls schwierig ist es, den lakonischen Humor der Australier von Anfang an zu verstehen und noch schwerer ist es, mit deutschem Humor bei einem Australier zu punkten. Bei Deutschen und Österreichern behaupten die Australier übrigens immer, das Tabuthema sei der Krieg („Don't mention the war" – das wird man sicher öfter zu hören bekommen).

Gutes Benehmen und Verhalten gegenüber Kindern

Australier sind höfliche Menschen. Es wird einem die Tür aufgehalten, „bitte" und „danke" sind selbstverständlich, und schon Kinder werden zu sehr guten Manieren angehalten. Teenager springen oftmals mit einem „Sorry, Mam" oder „Sorry, Sir" zur Seite, wenn sie im Weg stehen und erstaunen damit viele Europäer. Kinder wachsen in Australien sehr behütet auf. In den großen Städten werden sie oft von den Eltern zur Schule hin- und zurückgefahren. Bevor man Kinder fotografiert oder filmt, auch wenn es Freunde der eigenen Kinder sind, sollte man die anderen Eltern fragen. Die gesamte Thematik wird recht sensibel behandelt und ist mit vielen Vorurteilen belegt. Sportlehrer dürfen im Unterricht nicht einmal Hilfestellung leisten, denn Kinder werden nicht angefasst – die Angst vor Pädophilen hat ein fast schon unnatürliches Ausmaß angenommen.

Der australische „Underdog"

Australier sind Kämpfernaturen. Sie lieben den „Underdog" und das Aussie-Icon schlechthin dafür ist John Symond. Der Australier stand vor dem Nichts. Durch einen falschen Deal hatte er alles verloren: seine Ersparnisse, seine Firma, sein Familienhaus und seine Ehefrau. Er war mit mehreren Millionen verschuldet, doch statt sich in einem Schneckenhaus zu verkriechen und sich zu bedauern, stieg Symond wie der Phönix aus der Asche. 1992 gründete er die Aussie Home Loans, den ersten Hypothekenverleiher Australiens, der keine Bank war. Acht Jahre dauerte es, bis Aussie Home Loans wirklich Geld abwarfen, doch heute hat das Unternehmen über 200000 Kunden und ein Kreditbuch über 18 Milliarden australische Dollar. 1000 Leute arbeiten für Aussie

John, wie Symond im Volksmund liebevoll genannt wird. Er gehört zu den reichsten Männern des fünften Kontinents, sein Vermögen wird auf 470 Millionen australische Dollar geschätzt und die Australier sind stolz auf ihn. Auf der Straße kann er keine zehn Meter gehen, ohne dass ihn nicht jemand erkennt und ihm die Hand schütteln will.

Australische Küche

Während das Essen in Australien grundsätzlich gut und gesund ist, so gibt es nach wie vor einige Vorlieben, die Nicht – Australier oft nur schwer nachvollziehen können.

Jedes Kind in Down Under wächst – beinahe von Geburt an – mit Vegemite auf, ein Hefeextrakt, der sehr salzig ist und mit Butter auf Brot gegessen wird. Eigentlich schmeckt es wie Maggie, soll aber sehr viel Vitamin B enthalten. Nicht jedermanns Sache sind auch Meat Pies (mit allem möglichen, teilweise sehr obskuren Dingen gefüllte Fleischkuchen), Lamingtons (ein trockener, in Kokos gerollter Kuchen) oder Pavlova (ein süßer Baiserkuchen mit Passionsfrucht und Schlagsahne). Die meisten Ausländer können sich da schon eher für den Aussie-Barbecue erwärmen, bei dem sich die Männer mit einem Bier im „Stubbie-Holder" (eine Art Kühlhalter für die Bierflasche) am Grill versammeln, während alle Frauen abseits sitzen. Bier wird in Australien in deutlich kleineren Portionen konsumiert als in Deutschland, dafür aber mit Sicherheit in der Quantität nicht weniger. Australier sind sehr trinkfest. Wichtig ist dabei aber immer: das Bier muss kalt sein (s. auch Kapitel Freizeittipps)!

Nachrichtensendungen

Gewöhnungsbedürftig für einen fast schon überinformierten Mitteleuropäer sind die nationalen Nachrichtensendungen im Fernsehen.

Eine Kunst für sich, der typische australische Milchkaffee

Sie beschränken sich meist auf sensationelle Nachrichten, Boulevardnews, Sport, australische Themen und vor allem die Anzahl der Verkehrstoten nach einem langen Wochenende oder nach den Ferien. Australier sind besessen von der Statistik ihrer Verkehrstoten – so scheint es. Internationale Nachrichten spielen leider eine untergeordnete Rolle und auch Kulturelles steht meist hinten an. Eine breitere Information und den Blick über den Tellerrand hinaus erhält man eigentlich nur beim internationalen Sender SBS. (s. auch Kapitel Freizeittipps)

Nationalstolz und wichtige Feiertage

Australier zeigen deutlich mehr Nationalstolz als Deutsche. Am Australia Day (26.1.) wird zum Beispiel nicht nur der Ankunft der ersten Flotte mit Strafgefangenen 1788 gedacht, sondern es wird auch gefeiert, was Australien und seine Bevölkerung zu etwas Besonderen macht: zum Beispiel den Spirit von Fairness und Kameradschaft (mateship) und Australien als „the land of opportunities" schlechthin. An diesem Tag feiert sich Australien selbst: es werden Flaggen geschwenkt und Gesichter bemalt. Doch das Ganze ist keine selbstverliebte Schau, sondern eine fröhliche und freundliche Party im ganzen Land.

Weitere wichtige Feiertage für das Land sind: der ANZAC Day am 25. April, an dem den vielen Kriegsgefallenen (vor allem im Ersten und Zweiten Weltkrieg) gedacht wird. Außerdem ist am Queen's Birthday frei, der nicht gemäß des echten Geburtstages der britischen Königin im April stattfindet, sondern am zweiten Montag im Juni (mit Ausnahme von Westaustralien, das kurz zuvor schon einen eigenen Feiertag begeht und den Geburtstag der Königin deshalb entweder Ende September oder Anfang Oktober feiert). Feiertage sind auch der erste und zweite Weihnachtstag (Christmas Day und Boxing Day). Weihnachten ist sicher ein ungewöhnliches Ereignis für Auswanderer im ersten Jahr. Es ist meist heiß; oftmals wüten Buschbrände und die australischen Traditionen mit Christmas Crackern (lustige Papierbonbons zum Aufreißen, in denen meist kleine Spielsachen und Witze sind), kaltem Braten oder Seafood oder einem Barbecue sind erstmal ungewohnt. Es gibt weder Weihnachtsmärkte noch Glühwein; niemand backt Plätzchen noch ist es besonders besinnlich. Dafür werden viele Häuser mit ganzen Lichterparaden geschmückt (der Stromverbrauch muss gewaltig sein). Es gibt stimmungsvolle Abende mit Weihnachtsliedern (die Australier sind einfach top beim Organisieren eines Events) und viele gut gelaunte Leute, denn es ist Sommer und Ferienzeit. Ein Tipp für Heimwehkranke an dieser Stelle: Adventskalender sind aber doch in den meisten Supermärkten und Lebkuchen bei Aldi (ja, der existiert auch Down Under!) erhältlich.

Bürokratie versus „No worries"-Mentalität

Eine Überraschung werden viele erleben, die mit öffentlichen Ämtern in Australien zu tun haben. Denn auch Australien ist recht bürokratisch – nicht nur Deutschland, Österreich oder die Schweiz. Die entspannte „No worries"-Mentalität hört auf, wenn es ums Formulareausfüllen beim Arbeitsamt Centrelink, der Einwanderungsbehörde oder bei Medicare (der staatlichen Krankenkasse) geht.

Sport, Glücksspiel und Pferderennen

Australier sind sportbesessen. Auch wenn viele mit Übergewicht kämpfen und wahrscheinlich eher Sport im Fernsehen anschauen ... Doch die Strände sind voll mit Wassersportlern und Joggern und schon in der Schule spielt Sport eine wichtige Rolle. Die beliebtesten Sportarten im Fernsehen sind Australian Rules Football, Rugby und Cricket. Australier haben aber auch eine intensive Spiele-Leidenschaft. (Gaming) In vielen Pubs finden sich Poker-Maschinen (Spielautomaten). Casinos und Clubs, die Glücksspiel anbieten, sind stets rege besucht. Auch die Wettleidenschaft ist groß. Pferderennen werden wie in Großbritannien im elegantesten Outfit besucht. Die Damen führen ihre besten Kleider und Hüte aus, während die Herren Anzug und Krawatte tragen. Das berühmteste Pferderennen ist der Melbourne Cup. Um 3 Uhr nachmittags am ersten Novemberdienstag schaut die gesamte australische Nation auf Melbourne. Dort steht dann das gesamte Businessleben still. Der Melbourne Cup ist eines der schwierigsten Rennen der Welt. 3200 Meter müssen die edlen Rennpferde zurücklegen und das auch noch mit Gewichten beschwert. Denn die Regel lautet: je besser das Rennpferd, umso mehr zusätzliches Gewicht muss es tragen. So sollen auch schwächere Teilnehmer eine Chance erhalten.
Anmerkung: Bei all diesen Beobachtungen sind natürlich auch viele Klischees dabei. Nicht jeder Australier ist gleich und doch hoffe ich, dass dieses „Hintergrundwissen" beim Start in Down Under hilft.

Visum

Um von Europa nach Australien auswandern zu können, ist zunächst ein gültiges Visum nötig. Nur mit diesem „Türöffner" darf man in Australien leben und arbeiten. Wer illegal einreist – also nicht um Urlaub zu machen, sondern um im Land zu bleiben, dem kann sogar eine Deportation in eines der gefürchteten Detention Centres (Auffanglager für illegale Einwanderer, die Gefängnissen ähneln) drohen.

Einwanderungsberater

Das Thema Visum ist nicht unkompliziert. Leider verändern sich die Bedingungen, die Visakategorien, die gesuchten Berufe etc. häufig. Deshalb ist es wichtig, dieses Kapitel nur als Basisinformation zu nutzen und die aktuellen Gegebenheiten stets unter den genannten Internetadressen nachzuprüfen. Wichtig ist es auch, beim Visumsantrag keine Formfehler zu begehen und wichtige Unterlagen (Geburts- und Heiratsurkunde, Schul-, Universitäts- und andere Ausbildungsabschlüsse, polizeiliches Führungszeugnis, Arbeitszeugnisse etc.) beglaubigt und übersetzt bereitzuhalten. Insgesamt gibt es um die 100 verschiedene Visa-Kategorien. Wenn die Lage nicht von vorne herein sehr positiv aussieht (australischer Partner, gesuchter Beruf, Employer Sponsored) kann es ratsam sein, einen der zugelassenen Einwanderungsberater einzuschalten. Dieser kann darüber aufklären, wie erfolgversprechend ein solcher Antrag ist und ob es lohnt, die Kosten (s. auch weiter unten) und Mühen auf sich zu nehmen.

Ein Einwanderungsberater findet sich zum Beispiel über die Webseite der MARA – der Migration Agents Registration Authority in Australien: *www.themara.com.au* oder über das Migration Institute of Australia *www.mia.org.au*. Dort findet man auch eine ungefähre Übersicht über die Beratungsgebühren, die anfallen.

Bitte nicht vergessen, dass ein Visum zwar dazu berechtigt, im Land zu leben und zu arbeiten, dass aber keine Gewähr besteht, dort auch eine Beschäftigung zu finden. Neue Einwanderer müssen erst zwei Jahre im Land sein, bis sie Sozialleistungen erhalten können. Wer also arbeitssuchend ist, kann sich nicht auf Arbeitslosengeld verlassen, sondern muss sich selbst zwischenfinanzieren.

Temporäre versus permanente Visa

Es gilt zwischen zeitlich befristeten und unbefristeten Visa zu unterscheiden. Temporäre Visa sind einfacher erhältlich und verlangen nicht die gleichen strengen Voraussetzungen wie ein Dauervisum. Allerdings steht einem mit einem solchen Visum weder eine soziale Absicherung noch eine Mitgliedschaft in der australischen Krankenkasse Medicare zu (mit wenigen Ausnahmen). Man hat sich über eine eigene private Krankenkasse zu versichern. Mit einem Dauervisum ist man dagegen Medicare-berechtigt – bei den anderen Sozialleistungen gilt die erwähnte Wartezeit von zwei Jahren.

Wichtigste Visa-Kategorien

- Skilled Visa (für qualifizierte Fachkräfte)
- Employer Sponsored (Fachleute, die ein australischer Arbeitgeber ins Land holt)
- Business Visa (für Geschäftsleute)
- Retirement Visa
- Partner & Family Visa (Partner und Kinder / Eltern)
- Student Visa (Studenten)
- Working Holiday Visa (für junge Leute unter 31 – ein bis zwei Jahre Arbeiten und Urlaub machen in Down Under)

Gute Bedingungen bestehen bei

- einer guten Qualifikation (anerkannte und abgeschlossene Schul- und Berufsausbildung / abgeschlossenes Studium)
- ausreichend Arbeitserfahrung im gewählten Beruf
- einem der gesuchten Berufe (siehe Skilled Visa)
- einem Alter unter 45 Jahren
- guten Englischkenntnissen
- familiären Verbindungen nach Australien
- guten Investitionsmöglichkeiten (siehe Business Visa)
- der Bereitschaft, in eine ländliche Region (regional area) zu gehen (mindestens für zwei Jahre!)

Gefragte Berufe

Australien „leidet" an einem sogenannten Skill Shortage. Das heißt, durch boomende Wirtschaftszweige, einem notwendigen Ausbau der Infrastruktur und dem wachsenden Rohstoffbedarf aus Asien braucht der fünfte Kontinent deutlich mehr qualifizierte Arbeitnehmer, als das Land selbst bieten kann. Deshalb sucht man dringend Handwerker wie Klempner, Maurer und Elektriker. Ferner werden zum Beispiel Ärzte, Krankenschwestern, Ingenieure und Buchhalter gesucht.

Eine Liste aller gesuchten Berufe findet man unter:

www.immi.gov.au/skilled/general-skilled-migration/skilled-occupations/occupations-in-demand.htm
(s. auch Skilled Visa)

Erster Ansprechpartner beim Thema Visum – auch für Schweizer Bürger – ist die

Australische Botschaft
*Wallstr. 76-79, 10179 Berlin
Tel: +49 (0) 30 / 880088-0
Fax: +49 (0) 30 / 880088-210
info@australian-embassy.de,
bei Visafragen: visaquestions
.berlin@dfat.gov.au
www.germany.embassy.gov.au*
Bürozeiten:
Mo – Do 8.30–17.00 Uhr
Freitag: 8.30–16.15 Uhr
Telefonischer Visainformationsdienst: Mo – Do 13 bis 17 Uhr, Fr 13 bis 16 Uhr
Tel: +49 (0) 30 700 129 129
Auf der Seite der australischen Botschaft in Deutschland liegt auch eine Übersicht der Visumsgebühren.

Für deutsche Staatsbürger:
www.germany.embassy.gov.au/beln/fees.html

Für österreichische Staatsbürger:
Australische Botschaft
*Mattiellistraße 2-4, 1040 Wien
Tel: +43 (0) 1 – 506 740
Fax: +43 (0) 1 – 504 1178
austemb@aon.at
www.australian-embassy.at*

Abgesehen von den Visagebühren fallen folgende Kosten an:

- Skills Assessment (Anerkennung der Qualifikationen – siehe unten)
- Englischtest
- Medizinische Untersuchungen
- Polizeiliches Führungszeugnisse (für den Charaktertest)
- Beglaubigung und Übersetzung der Dokumente

Eine Familie hat in der Kategorie Skilled Permanent Visa zum Beispiel mit rund 5500 $ zu rechnen. Diese Kosten beinhalten nicht die Gebühren eines Migrationsagenten und verfallen bei Ablehnung des Antrags.

NÄHERES ZUM VISUM

... findet man natürlich auch auf den Seiten der Einwanderungsbehörde in Australien (DIAC – Department of Immigration and Citizenship), allerdings nur in englischer Sprache: *www.immi.gov.au*

Sämtliche Formulare und Informationsbroschüren zu den Visatypen finden sich unter

www.immi.gov.au/allforms/booklets/iforms_alpha.htm#i

Aktualisierungen zum Buch
www.down-under-org

WEITERE TIPPS, INFOS UND BEGRIFFSERKLÄRUNGEN VORAB
Beglaubigung und Übersetzung der Dokumente

Staatlich geprüfte Übersetzer findet man bei den Verbänden der Dolmetscher und Übersetzer:
Deutschland: www.bdue.de
Schweiz: www.duev.ch
Österreich: www.universitas.org
Australien: www.naati.com.au
Amtliche Beglaubigungen von Kopien können in der Bundesrepublik Deutschland durch öffentliche Stellen, wie zum Beispiel die Gemeinde, oder von einem Notar vorgenommen werden. Letzteres gilt auch für Österreich und die Schweiz. In Australien beglaubigen sogenannte „Justices of Peace" (kostenlos). Die Links zu den Seiten der einzelnen Staaten (wo man seinen nächst gelegenen JP suchen kann) findet man auf der Webseite des Australian Government Attorney-General's Department *www.ag.gov.au*.

IELTS Sprachtest

IELTS steht für International English Language Testing System und ist eine international anerkannte Sprachprüfung. Der Test ist vom British Council, dem University of Cambridge ESOL Examination Board und IDP (International Development Program) Education Australia entwickelt worden. Er wird an verschiedenen Testzentren in Deutschland angeboten: dem British Council (in Berlin, Hamburg, Bremen, Hannover, Radolfzell, Freiburg und Leipzig), und den Carl Duisberg Zentren (in Köln, Dortmund, Mannheim und München). Der Test kostet im Moment 170 Euro.
Die Anmeldung ist zum Beispiel per Post möglich. Es gibt immer eine Auswahl an Prüfungsterminen, doch manchmal sind diese schon weit im Voraus ausgebucht. Also rechtzeitig planen! Für den Test selbst sollte man den gesamten Tag planen. Wer nicht ohnehin schon flüssige Englischkenntnisse oder gar Englisch studiert hat, der sollte sich auf den Test gut vorbereiten. Die Prüfung besteht aus vier Teilen: einem Hörtest (Verständnis der Sprache – 40 Min.), einem Lesetest (ebenfalls Verständnis der Sprache – eine Stunde), Schreiben (Aufsatz – eine Stunde) und einem 15-minütigen Prüfungsgespräch.
Auf der Test-Homepage *www.ielts.org* kann man kostenlose Beispielaufgaben ausprobieren und kostenpflichtiges Übungsmaterial bei den Testzentren anfordern. Wer in Australien zu studieren beabsichtigt, muss das Academic Module wählen; bei einer Einwanderung reicht jedoch in der Regel das General Training Module (Ausnahmen gibt es in einigen Berufen,

z.B. im Gesundheitssystem). Bei den Testergebnisse rangieren die Noten von 0 (Non User) bis 9 (Expert User). Je nach beruflicher bzw. akademischer Qualifikation braucht man auch im IELTS Test eine bessere Note. Bei Handwerkern reicht zum Beispiel eine mittlere Note, ein Arzt muss dagegen besser abschneiden, um die nötige Punktzahl zu erreichen. Man sollte den Test erst ablegen, wenn man auch einen Visumsantrag abgeben will. Der Test sollte vor Antragstellung gemacht werden und darf nicht älter als ein Jahr sein. Je nach Testergebnis erzielt man verschiedene Bewertungen, die einem dann wiederum ein entsprechendes Punkteergebnis beim Visumsantrag einbringen.

Näheres, Daten und Adressen zum IELTS-Test beim British Council: *www.britishcouncil.de/d/english/ielts.htm* oder über

British Council Berlin
Examination Services
Hackescher Markt 1
10178 Berlin
Tel: +49 (0) 180 – 145 145 0 (bundesweit zum Ortstarif)
exams@britishcouncil.de

Österreichische Kandidaten wenden sich bitte an das
British Council Wien
Siebensterngasse 21
1070 Wien
Tel: +43 (0) 1 533 26 16.

Schweizer Kandidaten wenden sich bitte an das
British Council Bern
Sennweg 2
3000 Bern 7
Tel: +41 (0) 31 560 37 94.

Medizinische Tests

Bei den medizinischen Tests ist eine physische Untersuchung zu absolvieren, ein Hör- und Sehtest, eine Urinanalyse, ein Röntgenbild (u.a. zwecks Tuberkuloseüberprüfung – dies gilt nur ab 16 Jahren) und ein HIV Test für alle ab 15 Jahren. Die gesamte Untersuchung ist nur zwölf Monate gültig, wobei die einzelnen Bereiche dabei innerhalb von jeweils drei Monaten liegen müssen. Augenblicklich wird empfohlen, die Aufforderung des DIAC für diese Tests abzuwarten.

Was sind eigentlich „Regional Areas"?

Dieser Begriff taucht immer wieder auf, denn in diesen „ländlichen" Regionen mangelt es besonders an Fachkräften und die einzelnen Staaten bemühen sich, Auswanderer dorthin zu „locken". Als „Regional Areas" werden bezeichnet: alle Regionen in NSW außer

Sydney, Newcastle, Central Coast und Wollongong, Queensland außer Brisbane und die Gold Coast, Victoria außer Melbourne und Westaustralien außer Perth. Die Staaten Südaustralien, Tasmanien und Northern Territory zählen komplett als „Regional Areas". Das heißt, Adelaide ist die einzige große Stadt, die als „regional" gilt!

Wartezeiten

Zeitlich befristete Visa werden meist sehr rasch ausgestellt. Das Working Holiday Visum, Studentenvisa oder auch gesponsorte Visas werden innerhalb weniger Tage oder Wochen genehmigt, wenn alle Unterlagen fehlerfrei bereit stehen. Bei Skilled Visa Anträgen ist die Wartezeit aber teilweise sehr lang. Hier kann es neun bis zwölf Monate dauern, bis der Bescheid kommt.

Wichtigste Visatypen

1. SKILLED VISA (= DAUERVISUM)

Diese Visakategorien sollen den Mangel an qualifizierten Arbeitskräften überbrücken. Trotzdem wird aber nach wie vor streng gesiebt, wobei niemandem ein Visum „hinterhergeschmissen" wird. Die „Skilled Visa" eignen sich für Bewerber mit Universitätsabschluss, einer abgeschlossenen Berufsausbildung oder langjähriger Arbeitserfahrung in einem Lehrberuf. Wer den Zuschlag erhält, gewinnt damit eine Daueraufenthaltsgenehmigung.

Ein Visum aus dieser Klasse ist das sog. ‚Independent'. Wie für fast alle Skilled Visaklassen, ist auch für dieses Visum einen Punktetest zu absolvieren. Erfüllen muss man dabei:

- Alter (unter 45 Jahre)
- Berufliche Qualifikation – muss vorab anerkannt werden;
- Der Beruf muss auf der „Skilled Occupation List" der Regierung vorkommen: *www.immi.gov.au/allforms/pdf/1121i.pdf*
- Vor der Bewerbung hat man einen Test seiner beruflichen Fähigkeiten bei einer „Australian Skills Assessing Authority" zu absolvieren. (siehe unten)
- Nachweis der Länge der Arbeitserfahrung
- Nachweis englischer Sprachkenntnisse (siehe IELTS – Test)
- Nachweis der nötigen Gesundheitstests
- Charaktertest (im Prinzip heißt das, dass keine kriminelle Vergangenheit vorhanden sein darf. Ein polizeiliches Führungszeugnis, das nicht älter als zwölf Monate sein darf, ist vorzulegen)

Die beiden letzten Anforderungen müssen erfüllt werden – geben aber keine Punkte im Test!

Positiv wirken sich aus:

- eine gute Qualifikation des Ehepartners – in Verbindung mit Englischtest und passendem Alter. (Ein 50-jähriger Ingenieur ohne Englischkenntnisse bringt leider nichts)
- Arbeitserfahrung in Australien
- Ausbildung in Australien
- Vorhandensein eines Berufs auf der „Migration Occupation in Demand List" in Verbindung mit Arbeitserfahrung im Beruf. *www.immi.gov.au/skilled/general-skilled-migration/skilled-occupations/occupations-in-demand.htm*

Besonders gesucht werden im Moment Ingenieure, Handwerker, medizinische Berufe, Buchhalter, Vermesser und Computerspezialisten. Die Liste wird aber halbjährlich überarbeitet.

Formular zum Visumsantrag unter *http://www.dimia.gov.au/allforms/pdf/1276.pdf*

Inhaber eines Skilled Visa haben gute Chancen auf einen Arbeitsplatz in Australien. Aber natürlich besteht keine Garantie. Die australische Regierung geht davon aus, dass 89% dieser Visa-Kategorie innerhalb der ersten sechs Monate eine Stelle finden und 92% immerhin nach 18 Monaten. Die Arbeitslosenquote in Australien war noch nie so niedrig wie im Moment, so dass die Zeitungen jede Woche voller Stellenanzeigen sind.

Oftmals suchen regionale Zentren verstärkt nach Arbeitskräften und jeder Staat bzw. jedes Territory hat eigene Anforderungen und Bedürfnisse. Deshalb haben alle zusätzlich zur DIAC's auch noch eine eigene „Occupation in Demand List".

Folgende Webseiten sind einen Klick wert:

Australian Capital Territory
www.business.act.gov.au

New South Wales
www.business.nsw.gov.au

Northern Territory
www.migration.nt.gov.au

Queensland
www.sd.qld.gov.au

Südaustralien
www.acacia-au.com/sa.php
www.immigration.sa.gov.au

Tasmanien
www.acacia-au.com/tas.php
www.development.tas.gov.au

Victoria
www.acacia-au.com/vic.php
www.liveinvictoria.vic.gov.au

Westaustralien
www.acacia-au.com/wa.php
www.migration.wa.gov.au

Skills Assessing Authorities
Das sind die Stellen, die die berufliche Qualifikation überprüfen – je nach Berufssparte. Wo der jeweilige Beruf einzuordnen ist und wer für die Anerkennung zuständig ist, das läßt sich über die folgende Webseite herausfinden: *www.immi.gov.au/asri/index.htm*.

Wofür sammelt man Punkte im Punktetest?

Qualifikation		Punkte
Berufsqualifikation	Je nach Berufssparte gibt es für Berufe: 60, 50 oder 40 Punkte auf der Skilled Occupation List (SOL)	60/50/40
Alter	18–29 Jahre	30
	30–34 Jahre	25
	35–39 Jahre	20
	40–44 Jahre	15
Englisch	Proficient English (gutes Englisch)	25
	Threshold English (eher mittelmäßiges Englisch)	15
Australische Qualifikationen	Doctorate (min. zwei Jahre)	25
	Masters/Honours + Bachelor (min. drei Jahre)	15
	Degree, Diploma oder Berufsausbildung (min. zwei Jahre)	5
Arbeitserfahrung	60 Punkte Beruf und drei (der letzten vier Jahre) Berufserfahrung in seinem Gebiet	10
	Drei (der letzten vier Jahre) Erfahrung in einem Beruf auf der SOL	5
MODL (Migration Occupations in Demand List)	MODL + 12 Monate Berufserfahrung in seinem Gebiet + Job	20
	MODL + 12 Monate Berufserfahrung in seinem Gebiet	15
Australische	12 Monate australische Arbeitserfahrung in seinem Gebiet	10
Qualifikationen des Partners	Ehepartner oder Beziehungspartner entspricht den General Skilled Migration-Kriterien (inkl. Berufsanerkennung)	5
Studium in Regional Australia	Zwei Jahre Studium in Regional Australia (siehe Erklärung im Text)	5

Qualifikation		Punkte
Nomination	Visa Bewerber wird von der Regierung eines Staates oder Territory nominiert	10
Community Language	Anerkannte Qualifikationen in Community Language (dazu gehört auch Deutsch!) Der Antragsteller muss aber mindestens einen Fachhochschulabschluss vorweisen.	5

Mögliche Visaklassen im Skilled-Bereich	Pass Mark	Pool Mark
Skilled -Independent (subclass 175)	120	100
Skilled – Sponsored (subclass 176)	100	80
Skilled – Regional Sponsored (subclass 475)	100	120
Skilled -Independent (subclass 885) Dieses Visum ist ein Onshore-Visum, d.h. man muss nach mindestens zwei Jahren Ausbildung / Studium in Australien gleich im Anschluss das Visum beantragen und sich dabei im Land befinden.	120	120
Skilled – Sponsored (subclass 886) (siehe oben)	100	100
Skilled – Regional Sponsored (subclass 487) (siehe oben)	100	100

Die Oper in Sydney, eines der berühmtesten zeitgenössischen Gebäude der Welt

Pass Mark bedeutet: Geschafft – das Visum wird genehmigt und Pool Mark bedeutet, der Antrag kommt in einen Pool und wird wieder herangezogen, falls sich die Bedingungen innerhalb von zwei Jahren verändern. (Letzteres kam historisch schon vor, es ist aber eher selten)

2. EMPLOYER SPONSORED VISA (= BEFRISTETES, AN DEN ARBEITGEBER GEBUNDENES VISUM)

Das Employer Sponsored Visa kann beantragen, wer von einem passenden australischen Arbeitgeber gesponsort wird, der ihn beim Visumsantrag unterstützt und ihm eine Arbeitsstelle anbietet. Diese Möglichkeit bietet sich vor allem für Auswanderer an, die zum Beispiel nicht genug Punkte für ein „Skilled Independent" zusammen bekommen, also gewisse Voraussetzungen nicht erfüllen oder nicht bereit sind, gewisse Einschränkungen in Kauf zu nehmen. Allerdings ist es erstmal nur ein befristetes Visum, auch wenn einem die dadurch gewonnene Arbeitserfahrung später bei der Beantragung eines permanenten Visums hilft.

Das Visum wird normalerweise über den Arbeitgeber geregelt, der im Falle einer größeren Firma auch meist einen Auswandererberater hinzuzieht. Für den Auswanderer ist das natürlich eine der einfacheren Übungen – die Kunst liegt hier vielmehr darin, solch einen Sponsor zu finden – vor allem, wenn man vielleicht nicht vor Ort suchen kann.

Im Überblick:

Was muss der Arbeitgeber tun?
Der Arbeitgeber muss sich zunächst bei der Einwanderungsbehörde als „Standard Business Sponsor" anerkennen lassen. Darüberhinaus muss der Sponsor zum Beispiel beweisen, dass es sich bei seinem Geschäft um ein gesetzestreues Unternehmen handelt, und dass das Sponsorship zum Wohle Australiens ist. Er muss weiter nachweisen, dass er der direkte Arbeitgeber des Gesponsorten sein wird und dass er für ihn eine Vollzeitstelle schaffen wird. Die ausgeschriebene Stelle sollte auf der folgenden „Occupation List" der Regierung sein (s. *www.immi.gov.au/skilled/skilled-workers/sbs/occupations.pdf*), wobei der Sponsor zumindest das von der Regierung festgesetzte Mindestgehalt zu zahlen und für ordentliche Arbeitsbedingungen zu sorgen hat.

Was muss der Arbeitnehmer tun?
Erst danach kann der ausländische Arbeitnehmer sich für die ausgeschriebene Position bewerben, wobei er seine nötige Ausbildung, Qualifikationen und Erfahrung zu der Position nachzuweisen hat

(Ausbildungszeugnisse, Arbeitsbescheinigungen, IELTS Test und in seltenen Fällen ein Skill Assessment – s. auch Skilled Visa). Solche Sponsorships können sich auf einen befristeten Aufenthalt bis vier Jahren erstrecken oder auch zu einem Dauervisum führen (allerdings nicht automatisch). Um ein permanentes Visum zu erhalten, liegen die Hürden beim Antrag höher – wie bei einem Skilled Visum. Der Antragsteller darf dann zum Beispiel nicht über 45 Jahre alt sein. Bei einem befristeten Visum ist dieser Faktor eher vernachlässigbar. Bei Arbeitgebern in ländlichen Regionen werden diese Bedingungen übrigens erheblich gelockert.

Formular zum Visumsantrag unter: *www.immi.gov.au/allforms/pdf/47es.pdf*

3. BUSINESS SKILLS UND INVESTMENT VISA

Das Business Skills Visa versucht, erfolgreiche Geschäftsleute nach Australien zu bringen, um neue oder bestehende Geschäfte aufzubauen bzw. weiterzuentwickeln.

Geschäftsinhaber, Senior Executives und Investoren können sich unter den folgenden Kategorien bewerben.

- In der Kategorie Geschäftsinhaber oder -teilhaber
- In der Kategorie Senior Executive einer großen Firma
- In der Kategorie Investor – für alle Geschäftsleute, die in Australien investieren wollen
- In der Kategorie Business Talent – für hochqualifizierte Geschäftsleute, die ein Sponsorship des jeweiligen Staates oder Territorys erhalten.

Das Business Skills Visa ist nicht zu verwechseln mit dem BUSINESS SHORT STAY VISA, mit dem Geschäftsleute drei Monate einreisen können, um Business Meetings etc. abzuhalten. Letzteres Visum kann genauso einfach wie ein Urlaubsvisum per ETA (Electronic Travel Authority) vom Reisebüro der Firma eingetragen werden oder im Internet unter *www.germany.embassy.gov.au/beln/work_visas.html*

Business Skills Visa sind höchst komplex, so dass es sich empfiehlt, die Hilfe eines eingeschriebenen Einwanderungsagenten in Anspruch zu nehmen. Allerdings bestehen hier auch exzellente Chancen, einen guten Anfang in Australien zu finden. Da es in dieser Kategorie zahlreiche unterschiedliche Visatypen gibt, anbei nur ein Beispiel, das die Komplexität des Visumstyps zeigt.

Beispiel: Das Investor Visa and Permanent Residency
In dieser Kategorie kann man erstmal nur ein befristetes Visum erwerben. Nach zwei bis vier Jahren ist nachzuweisen, dass man das Investment in Australien beibehalten hat und erst dann kann man sich um ein Dauervisum bewerben.

An dieses Visum sind unter anderem folgende Bedingungen geknüpft:

- Ein erfolgreicher Geschäftshintergrund oder ein sehr großes Investment Portfolio;
- Drei Jahre Management-Erfahrung in diesem Geschäft oder Investment;
- Der Antragsteller muss unter 45 Jahren sein und ein gutes, berufsbezogenes Englisch sprechen.
- Der Antragsteller muss eine mindestens zehn prozentige Beteilung an einer Firma für mindestens ein Jahr (innerhalb der letzten fünf Jahre) und wenigstens 1,5 Millionen $ gemanagt haben;
- Der Antragsteller muss ein Nettoguthaben von mindestens 2,25 Millionen $ besitzen;
- Der Antragsteller hat mindestens 1,5 Millionen $ in ein australisches Investment transferiert und beabsichtigt, dieses langfristig beizubehalten.

Wenn all dies erfüllt ist, kann man zwei bis vier Jahre nach Erhalt des befristeten auch ein Dauervisum beantragen. Das Investment muss natürlich weiter laufen.

Formular zum Visumsantrag unter: *www.immi.gov.au/allforms/pdf/1139 .pdf*

4. SPONSORSHIP VON PARTNERN UND FAMILIENMITGLIEDERN

Partner Visa
Partner Visa können verheiratete Paare und de facto Partner beantragen. Dies gilt auch für gleichgeschlechtliche Partner. Einer der Partner muss die australische oder neuseeländische Staatsbürgerschaft oder eine Permanent Residency besitzen. Zunächst wird ein befristetes Visum vergeben, das später (im Durchschnitt nach zwei Jahren) jedoch in ein Dauervisum umgewandelt werden kann, wenn die Beziehung nach wie vor besteht und dies auch nachweisbar ist. Wer heiraten möchte, sollte auch ein sogenanntes „Prospective Marriage Visum" beantragen und muss innerhalb von neun Monaten nach Australien kommen und heiraten.

Formular zum Visumsantrag unter: *www.immi.gov.au/allforms/pdf/47sp .pdf*

Eltern Visa
Eltern-Visa können von Müttern

und Vätern beantragt werden, wenn mehr oder gleich viele ihrer Kinder in Australien leben und eine australische oder neuseeländische Staatsbürgerschaft oder Permanent Residency besitzen. Für dieses Visum wird ein sogenannter Familientest gemacht.

Das heißt zum Beispiel: jemand lebt in Deutschland und hat zwei Kinder – eines in Australien und eines in Deutschland = Familientest bestanden.

Wenn die gleiche Person drei Kinder hat, zwei in Deutschland und eines in Australien = durchgefallen. Bei drei Kindern in drei verschiedenen Ländern = Familientest bestanden.

Weitere Anforderungen sind unter anderem:

- Der Sponsor bzw. das Kind muss seinen Dauerwohnsitz eine angemessene Zeit in Australien gehabt haben.
- Gesundheitstests müssen absolviert und gewisse Anforderungen erfüllt werden.
- Die Versorgung der Eltern muss sichergestellt sein.

Nicht viele Eltern-Visa werden jährlich genehmigt (nur 1000 Stück); die Wartelisten sind lang. Die durchschnittliche Wartezeit beträgt im Moment zwölf Jahre.

Etwas schneller wird dieser Visumstyp beantragt, wenn man unter die sogenannte „Contributory Parent Category" fällt (3500 Visa werden hier pro Jahr vergeben). In dieser Kategorie ist eine deutlich höhere Gebühr zu zahlen, um steigende Gesundheitskosten abzudecken.

Formular zum Visumsantrag unter: *www.immi.gov.au/allforms/pdf/47pa.pdf*

Visa für Kinder
Kinder können gesponsort werden, solange sie unter 18 Jahren alt sind oder zwischen 18 und 25 und nach wie vor finanziell abhängig (z.B. Student, noch in Ausbildung). Die Kinder dürfen noch nicht Vollzeit arbeiten, selbst bereits verheiratet sein oder verheiratet gewesen sein. Behinderte Kinder können auch noch ab dem 18. Lebensjahr gesponsort werden, wenn sie auf die Hilfe der Eltern angewiesen sind. Ferner gibt es Familienvisa für verwaiste, unverheiratete Verwandte unter 18 Jahren und Familienmitglieder, deren gesamte Familie in Australien ist bis auf sie selbst.

Formular zum Visumsantrag unter: *www.immi.gov.au/allforms/pdf/47ch.pdf*

5. BELIEBTE VISAKATEGORIEN BEI BEFRISTETEN AUFENTHALTEN

Retirement Visa – Rentnervisum
Noch vor kurzem war es deutlich

einfacher, seinen Lebensabend als Rentner in Australien zu verbringen. Doch dieses „alte" Rentnervisum ist durch ein neues Investor Retirement Visa ersetzt worden. Nur Rentner, die im Moment noch im Besitz des „alten" Visums sind, können sich für die üblichen Verlängerungen des Visums alle zwei Jahre bewerben.

Das neue Retirement Visa…
… ist nur etwas für wohlhabende Pensionäre mit ausreichend Guthaben auf ihrem Bankkonto, die in Australien investieren wollen. Das Visum wird auf vier Jahre ausgestellt mit Verlängerungen über weitere vier Jahre.

Anforderungen sind unter anderem:
- Ein Sponsorship von einem Staat oder Territory Australiens. Das heißt, man muss ein Investment in den Government Treasury Bond des jeweiligen Bundesstaates oder Territories tätigen. (750 000 $ oder 500 000 $ in ländlichen Regionen)
- Man muss mindestens 55 Jahre alt sein und darf niemanden mitbringen außer dem eigenen Lebenspartner.
- Ausreichend finanzielle Mittel sind nachzuweisen, um in Australien leben zu können (750 000 $ oder 500 000 $ in ländlichen Regionen plus ein Nettoeinkommen pro Jahr aus Anlageerlösen oder Rente von 65 000 $ oder 50 000 $ in ländlichen Regionen.)
- Eine private Krankenversicherung, da keinerlei Ansprüche auf das australische Sozialsystem besteht.

Mit diesem Visumstyp darf man zu keiner Zeit mehr als 20 Stunden pro Woche arbeiten.

Näheres unter:
www.immi.gov.au/allforms/pdf/124 8i.pdf

Student Visa – Studentenvisum
Die australische Regierung bietet das sogenannte Overseas Student Programm (OSP) an, gemäß dem ausländische Studenten in Australien studieren können. Die Möglichkeiten sind dabei vielfältig: ein Intensiv-Sprachkurs, eine berufsbezogene Ausbildung am TAFE (mit unserer Berufsschule vergleichbar), ein Universitätsstudium mit den Abschlüssen Bachelor, Master oder PhD (Doktortitel) kommen zum Beispiel in Frage. Für ein Studium, einen Sprachkurs oder auch eine Berufsausbildung in Australien fallen Gebühren an (s. Kapitel „Auswandern auf Zeit").

Vor dem Antrag für ein Studentenvisum braucht man: die Zusage der jeweiligen Universität/Schule, das sogenannte „Confirmation of Enrolment" (COE), eine private Krankenversicherung sowie ausreichend finanzielle Mittel, um die oben erwählten Studiengebühren und das tägliche Leben bestreiten zu können. Bei einem Studium ist zudem der akademische Level des IELTS Test zu absolvieren (s. oben).

Während des Studiums müssen mindestens 80% des Stundenplanes eingehalten werden (das soll aber wohl abgeschafft werden) und zufriedenstellende Prüfungsergebnisse erzielt werden. Das Visum selbst muss unbedingt vor Antritt des Kurses oder Studiums beantragt werden und wird nur genehmigt, wenn die Ausbildung von einem bei der australischen Regierung registrierten Bildungsinstitut angeboten wird und dieses auch Kurse für ausländische Studenten anbieten darf.

Wer studiert, darf erst einmal nicht arbeiten. Nach dem offiziellen Antritt des Studiums kann man sich jedoch um eine Arbeitserlaubnis bemühen und dann 20 Stunden pro Studienwoche arbeiten und Vollzeit während der Semesterferien.

Jährlich kommen rund 200 000 Studenten aus aller Welt nach Australien. Viele entscheiden sich, auch nach ihrem Studium in Australien zu bleiben und bewerben sich um eine Permanent Residency gemäß des Skilled Migration Programmes. Die Chancen auf solch ein Dauervisum nach Abschluss eines Studiums oder einer Berufsausbildung in Australien stehen gut, vor allem wenn man in einem 18-monatigen Anschlussvisum noch australische Arbeitserfahrung sammelt. (Minimum: zwei Jahre Ausbildung und Abschluss in Australien plus 12 Monate Arbeitserfahrung – so sammelt man viele Punkte – siehe Punktetest oben).

Näheres unter:
www.immi.gov.au/allforms/pdf/ 1160i.pdf

Hier eine Kostenübersicht
www.immi.gov.au/allforms/990i/ students-visa-charges.htm

Alles zum Thema Arbeit neben dem Studium
www.immi.gov.au/students/students/working_while_studying/ index.htm

Occupational Trainee Visum für ein Praktikum

Natürlich kann man ein Praktikum auch mit einem Studentenvisum oder einem Working Holiday Visum absolvieren, doch das klassische Visum für ein Praktikum ist eigentlich das „Occupational Trainee Visum". Es kostet weniger als ein Studentenvisum, doch die Bearbeitung kann dafür länger dauern. Das Verfahren selbst ist zweiteilig: Man benötigt zunächst eine Praktikumszusage (die sogenannte Nomination) und muss danach den Visumsantrag stellen.

Zum Erhalt des Occupational Trainee Visums ist nachzuweisen, dass das Praktikum berufsbezogen bzw. studiumsbezogen ist, d.h. man braucht eine Bestätigung der Universität oder Ausbildungsstelle von daheim.

Beim Arbeitgeber fallen keine Gebühren an, nur der Praktikant muss eine Visumsgebühr zahlen. Sobald der Arbeitgeber die Genehmigung zur Praktikumserteilung von der Einwanderungsbehörde erhalten hat, muss er die Nomination dem Praktikanten weiterleiten. Der Praktikant hat diese zusammen mit seinen weiteren Dokumenten beim Immigration Office einzureichen.

Allein durch diesen Aufwand (auch auf Seiten der Firma) empfiehlt es sich, evtl. andere Visakategorien zu wählen, falls das Praktikum nicht länger als vier Monate dauert.

Die einzelnen Schritte der Bewerbung finden sich unter:
www.immi.gov.au/students/ sponsored/otv/how-to-apply.htm

Working Holiday Visum
Allen zwischen 18 und 31 Jahren bietet das Working Holiday Visum eine ideale Möglichkeit zum Auswandern auf Zeit. Mit diesem Visum lassen sich Urlaub und Arbeit verbinden, d.h. neben dem Urlaub wird die Reisekasse mit Gelegenheitsjobs aufgebessert, und man kann die Augen nach Jobmöglichkeiten und Sponsoren offen halten.

Mit dem Visum kann man bis zu zwölf Monate ab der ersten Anreise in Australien bleiben bzw. 24 Monate, wenn man mindestens drei Monate „Seasonal Work" in einer ländlichen Region leistet. Diese Vereinbarung hat Australien unter anderem mit Deutschland, den Niederlanden, Dänemark oder Großbritannien abgeschlossen. Die Schweiz oder Österreich sind bisher keine derartige Kooperation eingegangen.

Zu den Visumsbedingungen gehören:

- Alter bei Beantragung zwischen 18 und 31 Jahre
- keine unterhaltspflichtigen Kinder
- Urlaubmachen muss Hauptbeweggrund der Reise sein
- Keine Beantragung des ersten Visums von Australien aus (von jedem anderen Land aus ist dies gestattet)
- Gültiger Pass für die Dauer des Aufenthaltes
- Kein Arbeitsverhältnis über sechs Monate hinaus beim gleichen Arbeitgeber
- Keine Teilnahme über vier Monate hinaus an einem Sprachkurs, Studium oder Praktikum
- Pflicht zum Verlassen des Landes nach Ablauf des Visums

Mögliche Beantragung eines zweiten Working Holiday Visums, falls mindestens drei Monate „Seasonal Work" in einer ländlichen Region nachgewiesen werden können.

Was ist „Seasonal Work"?

Unter „Seasonal Work" versteht man zum Beispiel:
- Früchte oder Nüsse pflücken, Weinreben oder Bäume zuschneiden
- Allgemeine Erntearbeit
- Weiterverarbeitung von Pflanzenarten, auch Packen und Transport
- Kultivierung von Pflanzen, Pilzen etc.
- Tierpflege, auch Weiterverarbeitung von Tierprodukten, Packen etc.
- Herstellung von Milchprodukten
- Arbeiten in der Fischereiindustrie
- Arbeit in der Perlenindustrie
- Arbeit in einer Holzplantage

Formular zum Visumsantrag unter: *www.immi.gov.au/allforms/pdf/1150.pdf*

Wildblume in den Blue Mountains

Umzug nach Australien

Sobald die Hürde Visum überwunden ist, gilt es den Umzug in die neue Heimat zu planen. Es ist schwierig, einen Tipp zu geben, ob es besser wäre, sein Hab und Gut per Container mitzunehmen oder lieber vorab alles zu verkaufen oder zu lagern und sein neues Leben ohne Ballast anzufangen. Wer weiß, wo er genau hinzieht und arbeitet, für den lohnt es sicher, Möbel, Geschirr und Persönliches mitzunehmen. Denn alles neu zu kaufen, kann ganz schön teuer kommen, und vertraute Dinge helfen beim Eingewöhnen und Sichzuhausefühlen. Gerade anfangs stürmt eine Menge neuer Eindrücke auf einen ein: neuer Job, Haussuche, neue Freunde finden etc. Wenn man dann wenigstens seine vertrauten Sachen hat, so fühlt man sich schneller heimisch.

Wer aber zum Beispiel nur das Visum in der Tasche hat und noch nicht so genau weiss, wo er eigentlich hin möchte – ob Perth, Sydney, Cairns oder Darwin etc., der sollte lieber ohne großen Ballast anreisen. Denn nationale Umzüge in Australien können aufgrund der Entfernungen recht aufwändig sein. Empfehlenswert und angenehm aber auch teuer ist es, den Umzug von einer internationalen Umzugsfirma ausführen zu lassen (immer ein verbindliches Angebot nennen lassen). Diese kann alles erledigen – vom Packen des Containers, dem LKW-Transport zum Hafen, den Zollabfertigungen in Europa und später in Australien die Auslieferung der Möbel und evtl. sogar die Einrichtung des Hauses. Viele Umzugsfirmen bieten auch Lagermöglichkeiten an, entweder für Möbel und Kisten, die nicht mit nach Australien sollen und vor Ort, falls der Container schneller ankommt, als man selbst eine geeignete Bleibe gefunden hat. Normalerweise braucht ein Container sechs bis acht Wochen nach Australien (inklusive Zollabwicklung). Je nach Anzahl der Möbel und Umzugskartons werden Container von 33,5 (20 Fuß) oder 67 (40 Fuß) Kubikmeter angeboten. Günstiger sind Beiladungen – dies gilt für ca. zehn Umzugskartons oder zwölf Kubikmeter. Egal ob der Umzug selbst organisiert wird oder über eines der internationalen Umzugsunternehmen, zu beiden Varianten finden sich über die Suchmaschinen im Internet eine Unmenge an Anbietern.

Ein paar Tipps:

- Immer Angebote von zwei oder drei internationalen Umzugsfirmen erstellen lassen.
- Eine Liste von allem Hab und Gut erstellen – diese hilft klar zu sehen, was mit soll und was nicht (Flohmarkt!), erleichtert das Angebot für die Umzugsfirma und ist wichtig bei der Versicherung des Umzugsguts während des Transports.
- Nicht an der Haftung und Transport-Versicherung für den Umzug sparen!
- Neben den 20 Kilo Fluggepäck können wichtige Dinge auch per Luftfracht geschickt werden.
- Wichtige Dokumente (Zeugnisse, Geburtsurkunden, Heiratsurkunde etc.) gehören ins Handgepäck!
- Das Auto per Container verschiffen zu lassen, empfiehlt sich nicht. Denn es müsste in Australien auf einen Rechtslenker umgerüstet werden, und dies ist aufwändig und teuer.
- Deutsche elektrische Geräte funktionieren in Australien. Die Wechselstromspannung beträgt 220–250 Volt und 50 Hertz. Die australischen Stecker sind dreipolig, so dass man einen Adapter benötigt. Auch Spülmaschine und Waschmaschine müssen neben dem elektrischen Adapter noch einen Regler für den Wasserdruck bekommen (einen Druckminderer, denn der Wasserdruck ist in Australien höher). Wer kein geübter „Handwerker" ist, dem sei empfohlen, bei der Installation einen Elektriker bzw. Klempner zu Rate zu ziehen.
- Spülmaschine, Waschmaschine, Kühlschrank, Staubsauger oder Trockner sind gut gereinigt auf die Reise zu schicken. Keine Wasserrückstände, Essensreste, Flusen etc.! Sonst muss die Reinigung bei der Quarantäne in Australien bezahlt werden (s. auch Zoll- und Quarantänebestimmungen)! Eine Anmerkung zum Thema Waschmaschine: wer sich dafür entscheidet, die Waschmaschine in Australien zu kaufen, der muss sich daran gewöhnen, dass viele Modelle Toploader sind, man also die Wäsche von oben einfüllt, wobei es eher üblich ist, mit kaltem Wasser zu waschen.
- Beim DVD Spieler darauf achten, dass er ohne Länderkodierung ist, denn ansonsten wird ein deutscher DVD Spieler keine australischen DVDs akzeptieren.
- Betten und Bettwäsche haben andere Abmaße in Australien. Es gibt entweder Single, King Single, Double, Queen oder King Size: Single 92 cm x 188 cm, King Single 107 cm x 204 cm, Double 138 cm x 188 cm,

Queen 153 cm x 204 cm, King 183 cm x 204 cm. Europa hat normalerweise 100 cm x 200 cm pro Matraze. Die meisten Betten sind sogenannte Queen Size Betten. Sie bestehen aus einer etwas größeren Matraze, wobei die Bettdecke (bestehend aus einer dünnen Decke und einem Leintuch) am Rand eingesteckt wird. In solch einer „Zwangsjacke" zu schlafen ist nicht jedermanns Sache. In größeren Kaufhäusern gibt es aber inzwischen auch teilweise europäische Angebote.
- Kleiderschränke, Lampen und Ofen sind in den meisten Wohnungen vorhanden – hier lohnt sich eine Mitnahme eher nicht.
- Ebenfalls nicht mitnehmen sollte man Telefon, Anrufbeantworter, Fax oder Modem. Sie funktionieren in Australien leider nicht uneingeschränkt. Einen Anrufbeantworter benötigt man ohnehin nicht, falls man die kostenlose Message Bank seines australischen Telefonanbieters nutzt.

Zoll- und Quarantänebestimmungen

Australien hat sehr strenge Zoll- und Quarantänebestimmungen! Grund dafür ist, dass Australien eine äußerst eigene Tier- und Pflanzenwelt mit etlichen endemischen, also nirgendwo sonst auf der Welt vorkommenden Arten besitzt. Nicht ohne Grund hat das Land deswegen Bedenken, Krankheiten oder fremdartige Pflanzen und Insekten einzuschleppen, wie es in Brisbane mit den Feuerameisen passiert ist. Diese kamen über einen Frachter aus Südamerika ins Land und haben großen Schaden an der australischen Fauna und Flora angerichtet. Es kostete Millionen, diese Plage wieder einzudämmen.

Verboten ist es deswegen, frische Lebensmittel wie Obst, Gemüse, Eier, Milchprodukte, Wurst-, Fisch- oder Fleischwaren einzuführen. Auch Pflanzen oder Pflanzenbestandteile. Blumen, Samen, Pflanzenzwiebeln, Pflanzenstecklinge, Stroh und Heu, unbehandeltes Holz und Rinde, Lebend-Tiere, Schuhe und Campingmaterial mit Erdresten etc. Eine Liste verbotener Importe und weitere Details: *www.customs.gov.au*

Am besten ist es, gar keine Lebensmittel zu packen – das meiste würde sechs bis acht Wochen im Container ohnehin nicht gut überstehen, und in Australien kann man auch ohne Probleme viele europäische Produkte kaufen!

Grundsätzlich sind aber zum Beispiel erlaubt: abgepackte bzw. eingeschweißte oder vakuumverpackte Lebensmittel – Nahrungsmittel in Dosen, Süßigkeiten wie Schokolade und Kekse, abgepackte Backzutaten, Wein, Babyfertignahrung, Medizin für den eigenen Gebrauch (aber natürlich keine illegalen Substanzen, Drogen, Betäubungsmittel etc.), behandelte Tier-, Holz- oder Pflanzenbestandteile (lackierte, behandelte Möbel, ausgestopfte Tiere, die komplett gegerbt sind, wobei einige aber nach Artenschutzgesetzen verboten sind!)

Probleme können darstellen: Muscheln (Korallen und einige Muschelarten sind nach Artenschutzgesetzen verboten!), Bienenprodukte inkl. Bienenwachs und Waben (für Pollen gelten Einfuhrbeschränkungen), Schnitzereien und Kuckucksuhren (Rinde wird entfernt oder muss behandelt werden), kunsthandwerkliche Gegenstände aus pflanzlichem Material (Matten, Taschen und andere Artikel aus Pflanzenmaterial, Palmwedeln oder Blättern – aus Bananenpflanzen hergestellte Artikel sind komplett verboten). Je weniger solcher „fragwürdiger" Dinge im Gepäck oder Container sind, umso weniger Schwierigkeiten und Verzögerungen werden entstehen.

Wenns denn aber sein muss oder man doch etwas dabei hat, das nicht den Bestimmungen entspricht – dann bestehen mehrere Möglichkeiten. Je nach Quarantänerisiko kann man:

- den Artikel behandeln lassen (z.B. durch Ausräucherung, Bestrahlung), um ihn einfuhrsicher zu machen*;
- den Artikel einbehalten lassen, bis eine Einfuhrgenehmigung vorhanden ist**;
- den Artikel wieder exportieren*;
- oder den Artikel vernichten.

*Diese Behandlungen unterliegen einer Gebühr.
** Näheres dazu auf der Website von AQIS (Australian Quarantine and Inspection Service).

Webseite AQIS: *www.daff.gov.au* und dann auf AQIS klicken.

Eine Warnung: Wer quarantänepflichtige Gegenstände nicht deklariert oder falsche Angaben macht (dies gilt auch für die Ankunft am Flughafen), hat mit hohen Bußgeldern oder Strafen zu rechnen, bis hin zu Freiheitsstrafen.

Haustiere

Haustiere nach Australien einzuführen ist möglich, erfordert aber einen gewissen Aufwand und setzt die Tiere auch unter eine gewisse Belastung. Die Bedingungen für eine Einfuhr von Katzen und Hunden (andere Tiere werden nur in Ausnahmefällen akzeptiert) hängen vom jeweiligen Ursprungsland ab. Haustiere aus Ländern wie

Deutschland, Österreich oder der Schweiz müssen im Normalfall 30 Tage in Quarantäne in Australien bleiben. Doch damit ist es noch nicht getan. Zunächst muss der Besitzer eine Importgenehmigung für das Haustier besorgen. Diese wird von AQIS ausgestellt. dem Australian Quarantine and Inspection Service. Natürlich fallen Gebühren an, und auch die Versorgung während der Quarantäne ist vom Halter zu tragen.

Zum Antrag bei AQIS benötigt das Tier eine Microchip-Nummer und tierärztliche Bescheinigungen. Zum Beispiel müssen alle Impfungen vorhanden sein, was vor der Ankunft des Tieres in Australien zu erfolgen hat! Insgesamt sollte die Importerlaubnis mindestens fünf Monate vor dem Abreisetermin beantragt werden. Wird sie erteilt, so ist ein Platz in einer der Quarantänestationen zu buchen, die immer gut ausgelastet sind und nicht immer Plätze zur Verfügung stellen können. Solche Quarantänestationen existieren nur in Sydney, Melbourne und Perth. Die dortigen Flughäfen sind auch die einzigen, wo die Tiere in das Land einreisen können.

Wichtig: Die Importgenehmigung alleine verschafft noch keinen Platz in der Quarantänestation!

Der Australian Quarantine and Inspection Service (AQIS) befindet sich auf der Webseite des Departments of Agriculture, Fisheries and Forestry (DAFF), *www.daff.gov.au*. Dort kann man sein Ursprungsland eingeben und wird dann Schritt für Schritt in den Ablauf eingeführt (Bürokratisches, Prozedere, Art der Transportbox, welche Impfungen oder Medikamente sind vorher nötig, welche nachher ...), denn es gibt auf dem fünften Kontinent beispielsweise eine australienspezifische Hundekrankheit names Herzwurm (Heartworm).

In Deutschland wie auch in Australien (für den inländischen Transport für all diejenigen, die nicht in Sydney, Perth oder Melbourne wohnen werden) kann man auf den Tiertransport spezialisierte Unternehmen beauftragen, die das Tier sicher von A nach B bringen (bei Google.de nach „Haustiertransporte weltweit" suchen bzw. bei *Google.com.au* nach „Pet Transport").

Ein Tier nach Australien einzuführen, ist nicht nur bürokratisch schwierig und für Besitzer wie Haustier langwierig, sondern leider auch sehr teuer. Am Ende des Abenteuers kann die Rechnung durchaus mehrere Tausend Dollar betragen.

Telefonauskunft zur Mitnahme von Tieren:
Tel: + 61 (0) 2 6272 4454 (9-17 Uhr Australian Eastern Standard Time)

Hunde und oft auch Katzen müssen in Australien bei der jeweiligen Gemeinde registriert werden. Es wird auch empfohlen, sie mit einem Mikrochip auszustatten und im National Pet Register einzutragen, s. *www.petregister.com.au*. Das Australian Capital Territory besteht sogar darauf, dass alle Hunde und Katzen kastriert werden, es sei denn eine Ausnahmegenehmigung lässt anderes zu.

Hunde und Katzen verstehen sich leider nicht unbedingt mit dem einheimischen Wildlife. Possums oder Koalas zum Beispiel werden häufig Opfer ihrer Angriffe. Auch aus diesem Grunde ist eine Mitnahme gut zu überlegen.

Zehn Punkte, wenn's ernst wird

1. Visum und sämtliche Dokumente (inkl. Ausweis, Zeugnisse, Arbeitsbescheinigungen) sind in neuester Fassung und in beglaubigter, englischer Übersetzung vorhanden.
2. Kündigung der Versicherungen (außer Lebens- und Rentenversicherungen; es empfiehlt sich, zumindest anfangs diese Verbindungen in die Heimat, inkl. eines Girokontos beizubehalten. Eventuell lohnt es sich auch, bei der Krankenkasse eine Anwartschaft zu zahlen, bis man sicher ist, dass man in Australien bleiben möchte.)
3. Abmeldung beim Einwohnermeldeamt (Achtung: es gibt keine vergleichbare Stelle in Australien. In Down Under kann man sich nirgendwo anmelden, nicht einmal beim deutschen Konsulat oder der Botschaft! Wer noch wehrpflichtig ist, bitte diesen Umstand nicht vergessen!)
4. Übergabe/Vermietung/Untervermietung der Wohnung bzw. des Hauses – je nachdem: Wasser, Strom, Gas, Telefon abbestellen.
5. Auto verkaufen/abmelden und alle Habseligkeiten, die nicht mitsollen verkaufen/verschenken/einlagern.
6. medizinische Daten vom Arzt einholen.
7. Steuererklärung abschließen bzw. Formulare mit nach Australien nehmen, um es dort zu erledigen (Achtung: in Australien ist das Finanzjahr nicht das Kalenderjahr. 30. Juni ist hier der Stichtag.)
8. Schuldaten/-aufzeichnungen der Kinder mitnehmen.
9. Krankenversicherung für die Reise und die erste Zeit in Australien organisieren (s. auch Kapitel Versicherungen). Evtl. empfiehlt sich eine Auslandskrankenversicherung für die erste Zeit (keine Versicherungslücke während der Reisezeit entstehen lassen).
10. Eine Unterkunft bei Freunden, in einem Hotel oder einem Serviced Apartment für die erste Zeit sollte bereits von zu Hause aus

organisiert sein. Diese Daten sollten an Familie und Freunde und vor allem auch an die Umzugsfirma weitergeleitet werden! (Den Nachsendeantrag in Deutschland sollte man an die Adresse von Verwandten oder Freunden richten, die die Post sortieren und nachschicken können)

Zehn Punkte, wenn man endlich in Australien ist

1. Anfordern der Steuernummer beim Taxation Office (s. Kapitel Steuer).
2. Anmeldung bei der staatlichen Gesundheitsversorgung Medicare (für den, der Permanent Resident ist – s. Kapitel Versicherungen).
3. Eröffnen eines Bankkontos (s. Kapitel Versicherungen).
4. Anmeldung der Kinder in der Schule (s. Kapitel „Mit Kindern nach Australien").
5. Umschreiben des Führerscheins auf einen australischen (innerhalb der ersten drei Monate für Permanent Residents – s. Kapitel „Auto fahren in Australien").
6. Es existiert kein Einwohnermeldeamt, auch eine Meldung beim deutschen Konsulat ist nicht notwendig.
7. Kommunikation sicher stellen – Handykarte kaufen (z.B. bei Telstra, Optus, Virgin, Primus, Vodafone, 3G – Vergleiche der Angebote siehe unter *www.phonechoice.com.au)*, Internetcafe suchen etc., Prepaidtelefonkarte für Anrufe ins Ausland.
8. Stadtplan kaufen und sich orientieren.
9. Öffentliche Verkehrsmittel testen.
10. Falls notwendig: einen Sprachkurs besuchen.

Hinweis zum Thema Sprachkurs:
Adult Migrant English Program (AMEP)
Wer sich keine Sprachschule leisten kann, der kann als Permanent Resident und „Non-Native English Speaker" für das Adult Migrant English Program (AMEP) zugelassen werden. Um zu sehen, ob einem dieser kostenlose Service zur Verfügung steht, muss man sich in den ersten drei Monaten seines Aufenthaltes (oder gleich nach Erhalt der Permanent Residency) bei einem der AMEP-Serviceanbieter registrieren. Der Unterricht muss innerhalb eines Jahres begonnen werden. Wird man für das Programm zugelassen, dann kann man bis zu 510 Gratis-Englischstunden genießen oder bis man eben einigermaßen gut Englisch spricht. Kontakte zu den Serviceanbietern der einzelnen Staaten unter *www.immi.gov.au/amep.*

Ein Dach über dem Kopf

Zustand der Wohnungen

Australien hat eine unglaubliche Bandbreite an Immobilien. Von winzigen, oft schon baufälligen Häuschen aus Holzgestell und Gipswand bis hin zur Edelvilla mit Blick aufs Meer ist fast alles vertreten. Gerade ältere Häuser in ärmeren Stadtteilen oder Gegenden entsprechen oft nicht den von Europäern gewohnten Normen. Es gibt keine oder nur wenig Isolierung und auch meist keine Heizung. Auch wenn die Winter in Australien nicht mit denen in Mitteleuropa vergleichbar sind, so kann es in Tasmanien, Südaustralien, Victoria, New South Wales und auch im südlichen Teil Westaustraliens deutlich abkühlen. Und wer zum Beispiel bei acht Grad und Windzug morgens aus dem Bett und unter die Dusche muss, der weiss, dass man auch in Australien frieren kann. Viele (inklusive mir selbst) sagen sogar, sie würden hier im Winter mehr frieren als noch zu Hause.

Heizung und Klimaanlage

Häuser mit Zentralheizung sind rar. Häufiger dagegen finden sich Reverse Cycle Air Conditions, Klimaanlagen, die auch Wärme abgeben können, Gasheizungen, rollbare Heizkörper oder einfach nur Lüfter. Fleecepulli also unbedingt mit einpacken! Eine Reverse Cycle Air Condition im Haus zu haben, ist von großem Vorteil. Nicht nur weil es damit im Winter schnell schön warm wird, sondern auch da diese Klimaanlagen die sommerliche Hitze und Schwüle gut erträglich machen. Je weiter man in den Norden des Landes kommt, umso wichtiger ist solch eine Klimaanlage im Sommer, denn während Sydney zum Beispiel nur wenige sehr heiße Tage hat, ist der Sommer in Queensland oder im Northern Territory durchaus eine Umstellung für Mitteleuropäer.

Ungeziefer – Hilfe, da krabbelt was

Ebenso gewöhnungsbedürftig für Mitteleuropäer sind Kakerlaken, Spinnen und Ameisen, die sich im Sommer häufiger mal in Häuser und Wohnungen verirren, auch wenn man nicht im Erdgeschoss wohnt. Bei Häusern empfiehlt es sich, etwa einmal im Jahr oder alle zwei Jahre den Kammerjäger (Pest

Im Outback sind die Entfernungen riesig, Foto Credit Tourism Australia

Outback in Queensland

Das ist Australien

Weltberühmt die Great Ocean Road in Victoria

Koalas schlafen 18 Stunden am Tag

Die Waratah ist das Blumen Emblem von NSW

Der Australia Day wird von Jung und Alt gefeiert

Melbourne ist besonders bei Europäern beliebt

Typische Einfamilienhäuser

Das neue Zuhause

Control) zu bestellen, der gegen Ungeziefer sprüht und das Haus auf Termitenbefall prüft. Bei den Kakerlaken gilt, dass die größeren Exemplare zwar furchterregend aussehen, allerdings im Bezug auf ihre Vermehrung weniger bedenklich sind als die kleinen, sogenannten „German Cockroaches" (Dieser Name darf niemanden erschüttern ...). Bei den Spinnen sind vor allem Funnelweb Spider (Trichernetzspinne – die gefährlichste Spezies lebt in und um Sydney), Redback Spider (Rotrückenspinne) oder zum Beispiel auch die harmlos aussehende Mouse Spider, die Black House, die Wolf und die White-Tailed Spider gefährlich. Bei den ersteren gibt es ein Gegengift, die beiden letzteren können in sehr seltenen Fällen jedoch eine äußerst unangenehme Hautreaktion hervorrufen, bei der das Fleisch geradezu verfault. Gegen diese Erscheinung existiert bis heute keine medizinische Behandlung. Besonders gruselig sieht die Huntsman Spinne aus, da sie haarig und teilweise handtellergroß ist, doch ist sie eine der harmlosen. Auch die etlichen sogenannten Orb Weavers, die in Netzen hoch über Spazierwegen und in Hausecken hängen, sind harmlos. Gefährlich sind meist die Spinnen, die auf Bodenhöhe hausen. Es ist wichtig, gut über das Thema giftige und gefährliche

Tiere in Australien informiert zu sein, Panik ist jedoch nicht nötig, denn die wenigsten Australier haben schon mal ein Gifttier zu Gesicht bekommen (s. auch Kapitel „Gefahren des Fünften Kontinents").

Wasserhähne

Ein weiterer ungewohnter Aspekt rund ums Thema Wohnungen sind die Wasserhähne in älteren Bädern mit getrennten Heiß- und Kaltwasserhähnen. Beim einen strömt eiskaltes und beim anderen fast kochendes Wasser heraus, vor dem man vor allem Kinder fern halten sollte. Neuere Wohnungen haben aber alle die bei uns bekannten Mischwasserhähne.

Bilder aufhängen

Wichtig zu wissen ist es, dass die wenigsten Vermieter gestatten, Nägel in die Wand zu schlagen oder die Wand in irgendeiner Form zu beschädigen. Jeder Nagel muss über den Makler oder den Vermieter selbst genehmigt werden und wer sich nicht daran hält, bekommt am Ende der Mietzeit Geld von der Kaution abgezogen. Bilder können entweder an bereits vorhandenen Haken aufgehängt werden. Leichtere Bilder (bis zu ca. fünf Kilo) befestigt man mit Klebehaken vom Baumarkt.

Wohnungen mit Blick und Stil

Wen die letzten paar Absätze nicht vollends abgeschreckt haben, der sollte unbedingt weiterlesen. Denn australische Häuser und Wohnungen haben auch viele positive Aspekte. Mit dem nötigen Kleingeld lassen sich nämlich problemlos die schönsten und luxuriösesten Häuser finden: mit Blick aufs Meer oder in den Busch bzw. Regenwald, mit breiten Terrassen und Decks, alles offen gestaltet, mit modernen Elementen oder im Federation Stil, mit viktorianischem Charme oder balinesischem Flair ...

Der Stil der Häuser wechselt von Staat zu Staat. Perth hat mit

Schäden unbedingt auf dem Inspection Sheet vermerken

Ziegelsteinhäuser sind im Süden beliebter

Abstand die mondänsten Häuser mit Säulen, Stahl und Pomp, an dem man die vielen „Neureichen" des Rohstoffbooms Westaustraliens erkennt. Queenslands Feature-Häuser sind die sogenannten „Queenslander", Holzhäuser auf Stelzen, die in renoviertem Zustand einfach bezaubernd aussehen. Melbourne dagegen ist bekannt für seine vielen viktorianischen Häuser aus Ziegelstein und mit offenem Kamin und Sydney brüstet sich in seinen meernahen Vororten mit Villen, um die herum Frangipani- oder Jacaranda-Bäume blühen. Immobilien- wie auch Mietpreise sind in den vergangenen Jahrzehnten kräftig gestiegen, so dass die schönen Stadtteile der großen Städte fast unerschwinglich geworden sind (s. auch im Folgenden).

Schränke, Lampen, Vorhänge und Küche sind vorhanden

Mietwohnungen oder -häuser in Australien unterscheiden sich von deutschen aber nicht nur in ihrem Zustand (siehe oben), sondern auch in ihrer Ausstattung und hier im positiven Sinne. Fast alle Wohnungen haben Einbauschränke (built-in-wardrobes), Lampen, Vorhänge/

Jalousien und eine eingerichtete Küche mit Ofen und oft sogar Spülmaschine. Waschmaschinen können meist angeschlossen werden, und häufig (bei Wohnungen) wird eine Waschküche im Mietshaus angeboten, in der man sich mehrere Maschinen mit den Mitbewohnern teilt.

Das „Three Bedroom House"

Wissen sollte man, dass Wohnungen bzw. Häuser in Australien nicht nach Quadratmeterzahl beworben werden, sondern nach „Bedrooms" (Schlafzimmer). Dabei zählt das Wohnzimmer zum Beispiel nicht dazu. Eine Vierzimmerwohnung in Deutschland ist in Australien also eine Wohnung mit „three bedrooms".

Wohnungssuche

Wohnungen und Häuser werden in Australien im Normalfall über Makler (real estate agents) verkauft und auch vermietet. Nur selten kümmert sich der Besitzer selbst darum. Bei Mietobjekten kennt man den Eigentümer im Normalfall überhaupt nicht. Die Kosten für den Makler trägt – anders als in Deutschland – der Verkäufer oder Vermieter.

Mieten (To let/for rent)

Beim Vermieten ist es üblich, nicht nur Einkommens- und Beschäftigungsnachweise erbringen zu müssen, sondern auch Referenzen anzugeben. Referenzen sind Bekannte, Freunde oder Kollegen, die die Makler dann anrufen und nach der Vertrauenswürdigkeit des Kunden befragen. (Diese Anrufe erfolgen wirklich!).

Beim Mieten ist es üblich, einen sechs- oder zwölfmonatigen Vertrag zu unterzeichnen. Danach kann dieser normalerweise verlängert werden, oder er geht auf eine monatliche Basis über. Ein vergleichbarer Mieterschutz wie in Deutschland existiert nicht. Bei Problemen wendet man sich zunächst an den Makler (der auch die Betreuung während der Mietzeit übernimmt) oder im Streitfall an die zuständigen Institutionen der einzelnen Länder bzw. Territorien.

Die Informationsseiten dieser Institutionen beschäftigen sich mit vielen lebensnotwendigen Themen wie eben dem Mietrecht oder aber auch zum Beispiel dem Thema Auto anmelden, etc:

Australian Capital Territory:
www.canberraconnect.act.gov.au
New South Wales:
www.fairtrading.nsw.gov.au
Victoria:
www.consumer.vic.gov.au

Westaustralien:
www.docep.wa.gov.au
Südaustralien:
www.ocba.sa.gov.au
Tasmanien:
www.consumer.tas.gov.au
Northern Territory:
www.nt.gov.au
Queensland: *www.tuq.org.au*; *www.rta.qld.gov.au*

Im Normalfall wird der Makler beim Einzug auch ein Handbuch zum Thema Mieten in dem jeweiligen Staat oder Territory mit Wissenswertem und Ansprechpartner im Falle eines Disputs überreichen. Die Kaution beträgt im Durchschnitt vier Wochen-Mieten. Der Mietzins wird in Australien pro Woche angegeben, aber zweiwöchentlich oder monatlich bezahlt. Die Kaution wird nach der ordentlichen Rückgabe der Wohnung erstattet (ohne Zinsen). Um sie zurückzuerhalten, empfiehlt es sich, das Formular, das zu Beginn der Mietzeit auszufüllen war, und wo alle etwaigen Schäden festgehalten wurden, ernstzunehmen, peinlich genau auszufüllen und die Kopie gut aufzuheben! Üblich ist es, dass der Makler in regelmäßigem oder unregelmäßigem Abstand vorbeikommt, um den Zustand der Wohnung zu überprüfen.

Mieten ist in Australien nicht besonders hoch angesehen. Mehr als 70 Prozent der Australier besitzen ein eigenes Haus, wobei die meisten Australier schon sehr früh in ihrem Leben Eigentum kaufen. Makler sind deshalb zu Mietern nicht immer zuvorkommend.

Mietpreise schwanken sehr je nach Stadt (Sydney, Melbourne und Perth sind die teuersten) und in den jeweiligen Städten je nach Stadtteil. Nähe zum Strand, Nähe zur Stadt, Meerblick, großer Garten etc. schlagen sich deutlich auf den Mietzins aus. Familien sollten durchaus auch auf die Nähe zu guten Schulen achten (s. auch Kapitel „Mit Kindern nach Australien"). Die Preise in ländlichen Regionen liegen um ein wesentliches niedriger als in den Städten.

Kaufen (For sale)

Beim Kauf eines Hauses wird entweder zwischen dem Makler und den interessierten Parteien verhandelt oder das Haus wird bei einer Auktion versteigert. Dies hat keinen „unangenehmen" Beigeschmack, sondern ist eine gängige Form des Hausverkaufs. Der Hauskauf ist in Australien schnell und unkompliziert, solange man selbst eine Daueraufenthaltsgenehmigung hat und damit wie ein Australier behandelt wird. Empfehlenswert ist es, mit einem sogenannten Conveyancer zusammenzuarbeiten, quasi ein Rechtsanwalt, der für

Große Werbeschilder preisen Miet- und Kaufobjekte an

einen die gesamte rechtliche Situation und die Verträge prüft und verhandelt. Außerdem sollte man einen Building Inspector beauftragen, der das jeweilige Haus auf Herz und Nieren prüft und eine Valuation bzw. Schätzung beauftragen. Letzteres verlangt meist auch die Bank oder der Kreditgeber. Bei Häusern und Wohnungen, die über eine halbe Million australischer Dollar kosten, verlangt der Staat eine sogenannte Stamp Duty (vergleichbar zur Grunderwerbssteuer).

Wer nur ein temporäres Visum besitzt, kann ebenfalls Eigentum erwerben, muss aber für jedes Objekt, für das er ein Angebot abgeben möchte, ein sogenanntes FIRB Approval einholen. FIRB ist das Foreign Investment Review Board. Deren Internetadresse lautet: *www.firb.gov.au*. Offiziell müssen Immobilien wieder verkauft werden, wenn ein „temporary resident" das Land wieder verläßt (mit wenigen Ausnahmen, z.B. wenn das Haus neu gebaut ist). Wichtige Wiederverkaufsaspekte in Australien sind zum Beispiel die folgenden: Nordausrichtung des Hauses, guter Stadtteil, netter, offener Blick, Garage, Garten ...

Wer (als „Permanent Resident") zum ersten Mal in Australien kauft, kommt für den sog. „First Home Buyers' Grant" in Frage, im Moment 7000 geschenkte Dollar vom Staat. Näheres unter *www.firsthome.gov.au*

Kredite für einen Hauskauf vergeben Banken, Credit Unions oder Kreditbroker. Kreditbroker sind in Australien seit den 90ern etabliert und haben einen Großteil des Hypothekengeschäfts übernommen. Diese Institutionen fördern den Hauskauf, indem sie Kredite bis zu 90 Prozent des Hauswertes vergeben – je nach finanziellem Hintergrund des Käufers.

Anzeigen/Werbung
Geworben wird für Miet- wie

Kaufobjekte in den Schaufenstern der Makler (z.B. Ray White, McGrath, LJ Hooker …) oder in den großen Tageszeitungen. Ebenfalls beliebt sind die kleinen Stadtteilzeitungen und natürlich das Internet, *www.domain.com.au* oder *www.realestate.com.au*.

Die wichtigsten Tageszeitungen sind:
Australienweit: The Australian
Sydney: Sydney Morning Herald
Melbourne: The Age
Canberra: The Canberra Times
Adelaide: The Advertiser
Perth: The West Australian
Brisbane: The Courier-Mail
Cairns: The Cairns Post
Darwin: Northern Territory News
Alice Springs: Alice Springs News
Hobart: Mercury

Besichtigungstermine sind üblicherweise mittwochs oder samstags oder nach persönlicher Absprache. Die großen Immobilienteile befinden sich in den Samstagszeitungen.

Beim Einzug sind die wichtigsten Kontakte:
Telefon (z.B. Telstra) *
Strom (z.B. Energy Australia)
Wasser (normal über Vermieter geregelt)
Gas (z.B. AGL)

* Neben dem staatlichen Anbieter Telstra gibt es auch private Firmen, die Leitungen von Telstra anmieten und durchaus interessante Produkte, insbesondere für Anrufe nach Europa anbieten. Auf der folgenden Webseite finden sich Vergleiche für die Themen Festnetzanschluss („Landline / Fixed Line"), Mobiltelefone, VoIP und Broadband / Internet: *www.phonechoice.com.au*.

Mehr zum Thema Internet und VoIP s. „Australien von A – Z".

Wer noch Wohnungseinrichtung braucht

Neu einkaufen ist natürlich kein Problem mit dem nötigen Kleingeld. Australien bietet viel Europäisches (es gibt sogar Ikea!) genauso wie viele asiatische Möbel. Letztere sind deutlich günstiger als in Europa beispielsweise. Gebrauchte Möbel findet man über die Samstagsausgaben der Tageszeitungen, die Trading Post und sogenannte „Garage Sales" (kleine Flohmärkte bei Privatleuten zu Hause). Möbel und Elektrogeräte kann man zudem mieten – es gibt in den meisten Städten mehrere Anbieter, die diese auch anliefern und wenn nötig warten.

Selbstverständlich kann man auch möblierte oder teilmöblierte Wohnungen mieten, die aber natürlich teurer als leere Wohnungen sind. In diesem Fall ist nach „furnished apartments" bzw. „houses" zu suchen.

Autofahren in Australien

Auch wenn es in den großen Städten Busse, Trambahnen, Züge oder Fähren (z.B. Sydney, Perth und Brisbane) gibt, so ist das Leben ohne Auto in Australien nicht immer einfach. Vor allem die Riesenentfernungen und die großen Flecken an unbewohntem Land machen das Reisen von A nach B manchmal schwierig. Günstige Flug-, Bus- und Zugverbindungen existieren nur zwischen den großen Städten oder den Touristenorten. Der Kauf eines Autos erleichtert das Leben ungemein!

Wer sich kein Auto leisten kann, der wird in den Städten folgende Links der öffentlichen Verkehrsmittel hilfreich finden (mit Routenplanern etc.):

Öffentliche Verkehrsmittel

Adelaide
Bus-, Zug-, und Traminformationen: Adelaide Metro Information Centre, *www.adelaidemetro.com.au*

Brisbane
Bus., Zug- und Fährinformationen: Trans-Info Service,
www.transinfo.qld.gov.au

Canberra
Businformationen: ACT Internal Omnibus Network (ACTION),
www.action.act.gov.au

Darwin
Businformationen: Darwinbus,
www.tourtub.com.au
Taxi – neben dem normalen Taxiservice gibt es in Darwin zwei Taxi-Busservices – Arafura Shuttle und Unique Minibus (hier zahlt man eine geringe Flatrate: Arafura Shuttle Tel: 08-89813300, Unique Minibus Tel: 08-89281100)

Hobart
Businformationen: Bus – Metro (Busverbindungen),
www.metrotas.com.au

Melbourne
Bus-, Zug- und Traminformationen: Met Information Centre,
www.metlinkmelbourne.com.au
Hinweis: während Radfahren in Sydney zum Beispiel eher Selbstmord ist, ist Melbourne dafür gut geeignet!

Perth
Bus-, Zug- und Fährinformationen: Transperth,
www.transperth.wa.gov.au

Sydney
Busse: *www.sydneybuses.info*
Fähren (alle v. Circular Quay):
www.sydneyferries.info

Metro Light Rail & Monorail:
www.metromonorail.com.au,
www.metrolightrail.com.au
Züge: *www.cityrail.info*

Exkurs: Car Sharing

Für ein Leben ohne eigenes Auto gibt es zumindest in Sydney, Brisbane und Melbourne noch eine andere Idee. Hier haben – ähnlich wie in den großen Städten Europas – Car Sharing Businesses aufgemacht. Einfach bei Google.com.au „car sharing" eingeben. Man meldet sich bei dem Service an und kann danach meist per Internet oder auch telefonisch Autos für den privaten oder geschäftlichen Bedarf buchen. Auch die anderen Städte Australiens springen nach und nach auf den Car Sharing Trend auf – es lohnt sich also, nach Angeboten zu forschen!

Wer sich den Luxus „Auto" gönnen will:

Autokauf

Beim Autokauf selbst gilt es herumzushoppen – bei Neuwagen wie auch Gebrauchtwagen. Während Neuwagen wie bei uns über die gängigen Autohäuser verkauft werden, kann man Gebrauchtwagen über Händler, Automärkte, Auktionen, Zeitungsannoncen oder das Internet erstehen.

Solche Busse sind bei Backpackern beliebt

Preis und Zustand von Gebrauchtwagen

Grundsätzlich sind Gebrauchtwagen in Australien im Verhältnis teurer als in Mitteleuropa. Autos werden auch länger gefahren, so dass auch 200 – 300.000 Kilometer auf dem Tacho keine Seltenheit sind. Möglich ist das durch die milderen Witterungsverhältnisse in Australien. Ohne Schnee und Eis rosten die Autos nicht so schnell. Besonders teuer sind europäische Modelle, bei denen man vor allem bei den Ersatzteilen tief in die Tasche greifen muss. Trotzdem sind deutsche Autos gerade in den reichen Städten als Prestige-Autos hochbeliebt. Ebenso beliebt sind Geländewagen, die man außerhalb der Städte auch vielerorts einsetzen kann. Durch die niedrigen Spritpreise Australiens (die in der Stadt um 1,20 – 1,30 $ pro Liter Normalbenzin schwanken – im Outback ist an einsamen Orten aber tiefer in die Tasche zu greifen) sind verbrauchsarme Autos weniger ein Thema wie hierzulande. Doch auch die Australier werden stetig umweltbewußter und die Akzeptanz von umweltfreundlicheren Autos ist in den vergangenen Jahren gewaltig gestiegen. Und da können natürlich deutsche Automobilhersteller punkten.
Einen Preisvergleich bzw. eine Preisbewertung nach Jahrgang und Modell findet man unter *www.redbookasiapacific.com.au*. Das Red Book sammelt seine Daten auf dem australischen Markt seit über 50 Jahren.

Kauf von Privat versus Dealer

Wer von privat ein Auto kauft, wird sicherlich Geld sparen, bekommt dafür aber natürlich auch keine Garantie, wie es ihm ein lizensierter Händler gewähren würde.
Anders als ein Händler muss eine Privatperson keinen sogenannten „clear title" vorweisen, das heißt, das Auto könnte theoretisch gestohlen oder mit Schulden belastet sein. Um diese Risiken zu senken, sollte man bei einem Kauf von privat das Folgende nachprüfen:

- Die Angaben zu Automarke, Modell, Herstellungsjahr und Motornummer auf den Registrierungspapieren müssen mit denen am Fahrzeug übereinstimmen.
- Der registrierte Besitzer muss die gleiche Person wie der Verkäufer sein.
- Die Registrierung sollte nicht abgelaufen sein oder bald ablaufen.

In Westaustralien und New South Wales kann neben der jeweiligen Registrierungsbehörde auch beim „Register of Encumbered Vehicles"

(REVS) angefragt werden, ob das Auto vorbelastet ist:

REVS in Westaustralien:
www.docep.wa.gov.au
REVS in NSW:
www.revs.nsw.gov.au

Autoanzeigen findet man zum Beispiel in der Trading Post (gibts im Zeitungskiosk) und auf den folgenden Internetseiten:

www.tradingpost.com.au (alle Staaten)
www.cars.com.au (alle Staaten)
www.carpoint.com.au (alle Staaten)
www.carsales.com.au (alle Staaten)
www.drive.com.au (NSW, Queensland, WA, Victoria)

Auf der Seite *www.carsurvey.org* findet man unabhängige Testberichte zu verschiedenen Automarken.

Exkurs:
Car Buying Services

Bei „Car Buying Services" kann man seine Wunschvorstellungen bekannt geben – egal ob Neu- oder Gebrauchtwagen. Die Anbieter suchen einem dann das passende Auto, vergleichen Angebote und Preise und erledigen natürlich auch allen Papierkram für einen. Sehr bequem, aber natürlich nicht umsonst.

Kauf bei einer Auktion

Bei einer Auktion kann teilweise verhandelt werden wie bei einem Händler oder man kauft klassisch mit Bieten und dem Hammerschlag. Autos, die über eine Auktion verkauft werden, haben nichts Anrüchiges an sich. Eine Autoauktion ist etwas ganz Normales in Australien. Allerdings kann man die Fahrzeuge nicht probefahren. Das heißt, man sollte das Auto in der Zeit, die einem zur Verfügung steht, sehr gut anschauen. Auch hier gilt es, die Details des Autos mit denen der Registrierung abzugleichen und das Herstellungsjahr zu überprüfen. Beim Prüfen des Motors können weniger Erfahrene eigentlich nur auf äußerliche Risse im Motorblock oder Ölflecken achten. Beim Bieten selbst sollte man sich eine Grenze setzen und unbedingt im Rahmen seines Budgets bleiben.

Auto anmelden

Die Regeln bei der Fahrzeugan- und ummeldung bzw. der Verlängerung einer bestehenden Registrierung (einmal im Jahr) sind in jedem der australischen Staaten oder Territories unterschiedlich. Zur „Registration" (kurz „Rego") gibt es unterschiedliche Ansprechpartner bzw. Departments. In manchen Staaten reicht es, ein Formular auszufüllen und seine Gebühren für Registrierung und Haftpflichtversicherung zu zahlen, in anderen Staaten wie in New South Wales zum Beispiel muss jedes Jahr eine Inspektion in einer zugelassenen Werkstatt absolviert werden, um die Registrierung zu verlängern. Diese Regelungen unterliegen immer wieder aktuellen Änderungen. Nach der Registrierung erhält man einen Aufkleber, der innen an der Windschutzscheibe anzubringen ist. Weder existiert ein Fahrzeugschein oder Kfz-Brief, noch eine Kfz-Steuer. Dafür zahlt man eben die einmal im Jahr fällige Registrierungsgebühr.

Auch der Führerschein gilt übrigens nur in dem jeweiligen Staat, in dem man lebt. Das heißt nicht, dass man nicht im Urlaub mit einem Führerschein aus Victoria in Queensland fahren darf, sondern, dass man seinen Führerschein umschreiben muss, wenn man den Wohnort (zwischen den Staaten) wechselt. Alles Wissenswerte, wie all das aktuell im jeweiligen Staat funktioniert, findet man auf den folgenden Webseiten:

ACT
Im Australian Capital Territory klickt man auf die folgende Regierungswebseite:
www.rego.act.gov.au

New South Wales
Hier ist die RTA, die Roads and Traffic Authority, der richtige Ansprechpartner.
www.rta.nsw.gov.au

Northern Territory
Im Northern Territory ist das „Department of Planning and Infrastructure" für alles rund ums Auto zuständig.
www.ipe.nt.gov.au

Queensland
In Queensland kümmert sich die Regierung darum – das Queensland Government.
www.qld.gov.au

Südaustralien
In Südaustralien verantwortet Transport South Australia das Thema.
www.transport.sa.gov.au

Tasmanien
In Tasmanien ist Transport Tasmania zuständig.
www.transport.tas.gov.au

Victoria
In Victoria muss man sich an VicRoads wenden.
www.vicroads.vic.gov.au

Westaustralien
In Westaustralien ist das Thema im „Department for Planning and Infrastructure" angesiedelt.
www.dpi.wa.gov.au

Roadworthiness Certificate oder RWC oder Pink Slip

Dieses Zertifikat erhält man bei lizensierten Autowerkstätten gegen geringe Gebühr. Ein Mechaniker inspiziert die wichtigsten Bestandteile des Autos (Motor, Bremsen, Reifen etc.). In manchen Staaten braucht man jedes Jahr ein aktuelles Zertifikat, um die jährlich fällige Registrierung zu erneuern. Auf alle Fälle sollte aber der Verkäufer beim Verkauf des Autos ein solches Zertifikat vorlegen können. Das RWC oder der Pink Slip sind mit dem TÜV Test vergleichbar, wobei der meist maximal halbstündige Test nicht mit einem fundierten Checkup vergleichbar ist.

Tipps zum Kaufvertrag

Beim Kaufvertrag mit einem Autohändler sollte man vor allem auf zwei Formulierungen achten: Statt 'subject to finance' lieber 'subject to finance that is acceptable to me, the purchaser (name)' schreiben, um auf Nummer Sicher zu gehen. Statt 'subject to a Vehicle Inspection' lieber 'subject to a Vehicle Inspection report being acceptable to me, the purchaser (name)' schreiben. Denn ansonsten könnte einen ein Dealer zum Kauf eines Autos zwingen, auch wenn man mit der Inspektion nicht zufrieden war oder die Finanzierung doch nicht regeln konnte.

Nach dem Kauf des Autos ...

... müssen die Registrierungspapiere umgeschrieben und das Auto muss auf den neuen Namen eingetragen werden. Normalerweise sollte der Verkäufer oder der Händler dieses Formular bereitstellen, doch man muss darauf achten, dass es auch bei der Registrierungsbehörde landet (am besten selbst schicken!). Es fallen dabei eine sogenannte Transfer Fee plus die Stamp Duty (Stempelsteuer) an. (s. auch oben Auto anmelden)

Autoversicherungen

Beim Thema Autoversicherung sind vier Produkte zu unterscheiden:

Compulsory Third Party (CTP) – Green Slip genannt
Die CTP ist die einzige Versicherung, die in Australien Pflicht ist. Sie muss jährlich entrichtet werden, wenn man die Registrierung erneuert. Diese Haftpflichtversicherung deckt Kosten, die durch die Verletzung oder den Tod einer dritten Person entstehen, wenn der Unfall von einem selbst verursacht wurde. Die CTP deckt keine Schä-

den an Fahrzeugen oder an anderem Eigentum ab.

Third Party Property Damage

Diese Versicherung ist freiwillig und deckt Schäden an Fahrzeugen oder Eigentum (Zaun, Schild, Ampel ...) ab.

Third Party, Property Damage – Fire and Theft

Diese Art der Versicherung erweitert die Third Party Property Damage Versicherung um Schäden, die durch Feuer und Diebstahl verursacht werden (beim eigenen Auto). Plus natürlich die Schäden, die man selbst bei anderen verursacht (siehe oben).

Full Cover Motor Vehicle

Diese Versicherung ist auch als „comprehensive insurance" bekannt und schließt den Schutz des eigenen Autos ein sowie den von Autos und Eigentum, die durch einen selbst verschuldeten Unfall betroffen sind. Diese Versicherung ist die teuerste Variante am Markt.

Die Versicherungsbeiträge hängen zum Beispiel vom Modell und der bisherigen Fahrpraxis und Unfallbilanz ab. Zudem schwanken sie von Staat zu Staat. Ein europäischer Schadenfreiheitsrabatt wird meist nicht anerkannt.

Jeder Staat bietet ein Äquivalent zum ADAC an, der einem bei einer Panne auf der Straße zu Hilfe kommt.

NSW und Australian Capital Territory
NRMA, National Roads & Motorists Association
www.nrma.com.au

Northern Territory
AANT, Automobile Association of Northern Territory
www.aant.com.au

Queensland
RACQ, Royal Automobile Club of Queensland
www.racq.com.au

Südaustralien
RAA, Royal Automobile Association
www.raa.com.au

Tasmanien
RACT, Royal Automobile Club of Tasmania
www.ract.com.au

Victoria
RACV, Royal Automobile Club of Victoria
www.racv.com.au

Westaustralien
RAC, Royal Automobile Club of Western Australia
http://rac.com.au

Verkehrsregeln

Gefahren wird in Australien auf der linken Seite – ansonsten sind die Verkehrsregeln ähnlich. Es gilt

Hier gibts leckeres Eis

rechts vor links wie auch bei uns. Trotzdem lohnt ein Blick in das Führerscheinhandbuch, das es zum Beispiel bei den Registrierungsstellen gibt oder als PDF-Version im Internet auf den Seiten der zuständigen Stellen (Links siehe oben).

Eindeutige Unterschiede gibt es bei den Parkregeln (zehn Meter Abstand vor der nächsten Straßenkreuzung!) und bei der Höchstgeschwindigkeit: 110 km/h auf Autobahnen. Nur das Northern Territory hat keine Geschwindigkeitsbegrenzung auf seinen Highways. Achtung: auf den Autobahnen sind im Normalfall auch Radfahrer zugelassen! In den Städten sind Kreisverkehre (Roundabouts) sehr beliebt. Die Regeln sind hier eindeutig anders. Man fährt links in den Kreisverkehr ein und blinkt in die Richtung, in die man den Kreisverkehr verlassen möchte.

Verkehrssünder werden hart bestraft – mit Führerscheinentzug, hohen Geldstrafen (mehrere Hundert Dollar sind keine Seltenheit!) und sogar mit Gefängnisstrafen! Besonders streng reagiert Australien auf Alkoholsünden. Deshalb unbedingt einhalten: für erfahrene Fahrer beträgt die Blutalkoholkonzentration 0,5 Promille. Für Fahrer mit Führerschein auf Probe und für junge Fahrer gilt eine Nullgrenze. Für Verkehrssünden sammelt man in Australien Punkte und ab einer bestimmten Summe wird der Führerschein entzogen, z.B. in New South Wales bei zwölf Punkten innerhalb von drei Jahren, wenn man den voll anerkannten Führerschein besitzt.

Bei Überlandfahrten muss man sich auf bestimmten Strecken nicht nur vor den überlangen Trucks, den sogenannten Roadtrains, in Acht nehmen. Ab der Dämmerung wimmelt es mancherorts nur so vor Wildtieren auf der Fahrbahn. Zusammenstöße mit Kängurus, Wombats oder Koalas sind häufig und führen oft zu schwerwiegenden Unfällen. Wer Nachtfahrten vermeiden kann, tut dies! Ungewohnt für Europäer sind auch die riesigen Entfernungen zwischen den einzelnen Orten:

Entfernungen*	Adelaide	Brisbane	Canberra	Darwin	Melbourne	Perth	Sydney
Adelaide	–	2055	1198	3051	732	2716	1415
Brisbane	2055	–	1246	3429	1671	4289	982
Canberra	1198	1246	–	4003	658	3741	309
Darwin	3051	3429	4003	–	3189	4049	4301
Melbourne	732	1671	658	3789	–	3456	873
Perth	2716	4363	3741	4049	3456	–	3972
Sydney	1415	982	309	4301	873	3972	–

*Alle Entfernungen in Kilometern.

Ebenfalls unbekannt sind vielen zum Beispiel die folgenden Begrifflichkeiten:

2P auf Parkschildern heißt: zwei Stunden Parken ist erlaubt. (Es gibt keine Parkuhren, die man ins Auto legt. Die Kontrolleure machen Kreidestriche ans Auto und kommen nach der abgelaufenen Zeit wieder)

T3 auf Straßenschildern heißt, dass die Spur nur von Autos befahren werden darf, in der mindestens drei Personen sitzen.

Wer in Melbourne Auto fährt, der sollte den sogenannten Hook Turn kennen. Diese Form des Rechts-Abbiegens wurde in Melbourne wegen der Trambahnen eingeführt. An ausgeschilderten Kreuzungen biegt man von der äußeren linken Spur nach rechts ab und läßt die rechte Spur frei, damit die Trambahn und der restliche Verkehr durchkönnen, bis man selber an der Reihe ist.

Und ein weiterer Tipp:
Eine gute Webseite, die einem in den großen Städten teilweise den Stadtplan ersetzt ist *www.whereis.com.au*. Dort kann man nicht nur Straßen suchen, sondern auch Routen planen.

Führerschein

Wer sich nur zeitweise in Australien aufhält, der kann mit einem internationalen Führerschein oder mit seinem europäischen Führerschein (inkl. englischer Übersetzung) fahren. Wer aber „Permanent Resident" ist, der muss innerhalb der ersten drei Monate einen australischen Führerschein beantragen. Diesen erhält man bei der jeweiligen Registrierungsbehörde (siehe oben). Man braucht dazu im Normalfall (auch hier weichen manche Staaten voneinander ab) seinen ausländischen Führerschein (plus die englische Übersetzung) und seinen Pass mit dem gültigen Visum. Dann muss man ein Formular ausfüllen, eine Gebühr zahlen, einen Augentest absolvieren und wird fotografiert. Früher war auch ein theoretischer Fragentest zu beantworten, doch der ist inzwischen entfallen. Dies gilt für Deutschland, Österreich und die Schweiz, die alle drei zu den vom australischen Staat anerkannten Ländern zählen, die einen ähnlichen Fahr- und Prüfungsstandard haben.

Wichtiger Hinweis: in Australien hat der Führerschein einen ähnlichen Stellenwert wie ein Personalausweis und sollte immer bei sich getragen werden. (Beim Autofahren ist dies sowieso Pflicht!).

Der Führerschein ist – wie bereits erwähnt – auf den jeweiligen Staat begrenzt, in dem man lebt. Zieht man um, muss man auch seinen Führerschein auf den neuen Staat oder das neue Territory umschreiben lassen. Dies gilt natürlich nicht bei Urlaubsfahrten!

Wer allerdings glaubt, er könne im Heimaturlaub wieder mit seinem alten Führerschein in Europa fahren, der hat sich getäuscht. Er wird mit der Annahme des australischen ungültig. Für einen Heimaturlaub muss man also einen internationalen Führerschein beantragen. Internationale Führerscheine stellen die State and Territory Motoring Clubs aus. Liste unter *www.aaa.asn.au/about/members.htm*

Autofahren kann man in Australien ab 16 Jahren lernen. Eine Fahrschule ist nicht Pflicht. Fahrschüler, die lernen – „L Plate Driver oder Learner Drivers" – müssen in Begleitung eines erwachsenen Autofahrers sein. Das kann ein Elternteil oder ein Freund sein, der einen Führerschein besitzt. Nach einer theoretischen Prüfung dürfen die Teenager in Begleitung fahren, müssen aber ein Log Buch über ihre Fahrpraxis führen. Erst nach durchschnittlich 50 solcher Stunden kann eine praktische Prüfung absolviert werden. Danach ist man P Fahrer – „Probationary / Provisional Driver" und muss mindestens 17 Jahre alt sein. Ab diesem Zeitpunkt können die Jugendlichen allein Auto fahren, dürfen aber zu keiner Zeit einen Alkoholspiegel im Blut aufweisen und sind auch in der Fahrgeschwindigkeit eingeschränkt. Nach zwei P-Phasen und weiteren Tests erhält man den normalen Führerschein.

Einige Kuriositäten und Tipps rund ums Thema Auto

Man sollte auch die Sprache des Autohändlers sprechen ...
Ono – or nearest offer – als Zusatz zu einer Preisangabe – hier kann man durchaus noch verhandeln
Bull bar – Art Stoßstange, die Kängurus und andere Wildtiere auf der Straße abfangen soll
4WD – Vierradantrieb / Geländewagen
Station wagon – Kombi
Van – Kleinbus
Convertible – Cabriolet
Ute – offener Pickup-Truck (das ultimativ australische Auto ist der Holden Ute!)
Petrol Engine – Benziner
Diesel Engine – Dieselmotor
Auto – Automatikgetriebe
Manual – Schaltgetriebe
Rego – Registrierung

Sydney – größter Backpacker-Automarkt der Welt

Da ist man genau am anderen Ende der Welt und trotzdem ist man schon wieder unter sich... Die meisten der anwesenden Backpacker sprechen deutsch, und wenn das nicht, dann zumindest holländisch ... Der größte Backpacker-Automarkt der Welt ist in einer bizarren Tiefgarage mit bunten Graffitis im Schmuddelviertel Kings Cross in Sydney untergebracht. Nach einer oft monatelangen Reise durch das Traumland Australien verbringen viele junge Leute ihre letzten Urlaubstage in einer eher unheimlichen Tiefgarage anstatt in der Sonne und am Strand. Das Geld, zu Beginn der Reise ausgegeben, muss wieder rein – selbst wenn es oft länger dauert, bis ein Käufer zuschlägt. Schon so manch ein Verzweifelter hatte in der Vergangenheit sein Auto einfach am Flughafen verschenkt ... Hier weiß Carmarkt-Besitzer Peter meistens Abhilfe – in seiner multifunktionalen Tiefgarage werden rund 55 Autos pro Woche verkauft, kein schlechter Schnitt. Und dabei achtet er streng darauf, dass nur Backpacker und keine Profi-Autohändler zum Zuge kommen. Die Stimmung ist urig – es brennen Kerzen, der eine spielt Didgeridoo, der nächste klimpert auf der Gitarre und einmal die Woche gibt's gratis einen echten Aussie Barbecue ... Es wird gehandelt und gefeilscht und meistens verkaufen die einzelnen Nationalitäten gemäß ihrer Mentalität: Deutsche verkaufen gern an Deutsche, man vertraut sich eben – aber Israelis zum Beispiel verkaufen an jeden anderen nur nicht an den eigenen Landsmann...

Wichtig: nur Reisende dürfen verkaufen, keine Einheimischen oder Autohändler. Jedes Auto hat einen Inspection Report, der einem sagt, wie sicher es ist und was zu reparieren ist.

Nichts für permanente Auswanderer, aber eine gute Anlaufstelle für Rucksackreisende und Studenten, die billige Autos für eine begrenzte Zeit suchen. Beliebte Autos sind Kombis, Kleinbusse und Geländewagen.

Backpackers Car Market
Ecke Ward & Elizabeth Bay Rd
POTTS POINT Sydney
Tel: 01800 808 188 (innerhalb Australiens)
www.carmarket.com.au

Australiens Automarken sind durchaus etwas Besonderes ...

Außer dem australischen Autohersteller Holden (Ableger v. General Motors) gibt es tatsächlich noch kleinere, recht ausgefallene und schnittige Produkte, die eher an James Bond-Autos erinnern als an Fahrzeuge für den Normalverbraucher. Dazu gehören zum Beispiel das australische Supersport-Auto Joss oder der Sportwagen Elfin. Manche dieser Elfins kommen im Selbstbausatz, andere fertig vom Laufband. Seit vierzig Jahren produziert Garrie Cooper's Company Sport- und Rennwagen – zum Beispiel den 1959 Streamliner oder Formula Vees oder den MR9 Formula 5000 der 80er. Exklusive, schöne, schnelle, ungewöhnliche und sehr teure Autos.

Jobs auf Kreuzfahrtschiffen
Arbeiten, wo andere Urlaub machen

http://shop.interconnections.de

Arbeiten in Australien

Arbeitsmarkt und Gehälter

Der Arbeitsmarkt in Australien ist deutlich entspannter als in Deutschland. 2007 fiel die Arbeitslosenquote gar auf ihren niedrigsten Stand seit 30 Jahren – auf 4,5 Prozent. Die Arbeitssuche gestaltet sich daher deutlich einfacher als zum Beispiel in Deutschland. Hier bemühen sich Arbeitgeber teilweise regelrecht um neue Mitarbeiter. Trotzdem gibt es nicht die gleichen Gehälter oder sozialen Leistungen wie in Mittel- oder Nordeuropa üblich. Stundenlöhne von unter 20 $ oder 30 $ sind selbst bei qualifizierten Stellen nicht ungewöhnlich (Mindestlöhne sind aber gesetzlich festgelegt). Der augenblickliche Arbeitnehmermangel treibt jedoch auch die Gehälter in die Höhe. Oftmals ist in Wachstumsregionen wie Westaustralien oder Queensland deutlich mehr zu verdienen als in Sydney oder Melbourne. Zudem sind auch die Lebenshaltungskosten dort teilweise niedriger als in den großen und beliebten Metropolen. (Obwohl Perth zum Beispiel im Moment in jeder Hinsicht im Wachstum begriffen ist ... Auch die Miet- und Hauspreise sind exponentiell zum Wirtschaftswachstum gestiegen)

Australisches Durchschnittsgehalt 2007 laut der Online-Jobvermittlung MyCareer.com.au: $70,485.

Die Zeitungen sind voll mit Jobanzeigen

Sektor	Minimum	Maximum	Durchschnitt
Accounting	$37,172	$148,333	$71,910
Admin/Office Support	$26,983	$83,493	$46,314
Automotive	$38,041	$99,180	$57,121
Banking & Financial Services	$37,614	$158,063	$73,097
Community, Sport & Leisure	$43,147	$69,080	$53,339
Construction, Building & Architecture	$41,000	$185,824	$89,162
Customer Service & Call Centre	$30,040	$93,287	$47,133
Education	$39,107	$78,789	$57,382
Engineering	$41,049	$171,489	$91,109
Executive	$63,446	$165,000	$102,213
Government & Defence	$45,327	$116,108	$72,715
Graduate	$39,760	$66,115	$49,550
Hospitality, Travel & Tourism	$30,598	$71,133	$45,938
Human Resources & Recruitment	$42,710	$184,500	$77,628
Insurance	$38,834	$129,091	$69,335
IT & Telecommunications	$37,645	$177,658	$89,088
Legal	$49,344	$128,750	$83,336
Logistics, Transport & Supply	$36,475	$116,778	$62,636
Manufacturing	$36,456	$120,071	$59,817
Marketing	$42,909	$137,727	$80,257
Media, Advertising, Arts & Entertainment	$39,129	$113,426	$63,935
Medical & Healthcare	$51,288	$100,437	$72,240
Mining, Oil & Gas	$72,286	$166,214	$116,296
Other	$47,300	$110,000	$69,351
PR & Communications	$59,557	$105,381	$76,996
Primary Industry	$40,404	$58,220	$49,983
Property & Real Estate	$37,462	$155,769	$77,788
Retail	$37,833	$113,333	$59,645
Sales	$31,875	$224,375	$79,646
Scientific	$50,099	$96,889	$67,303
Self-Employment	$64,173	$137,533	$89,269
Trades & Services	$36,132	$85,442	$54,000

Quelle: MyCareer.com.au

Jobsuche

Australier legen hohen Wert auf ein persönliches Treffen, auf eine Empfehlung von Bekannten, Kollegen, ehemaligen Schulkameraden etc. Insofern hilft es, Leute in Australien zu kennen oder zumindest bei der Jobsuche vor Ort zu sein. Denn oftmals heißt es auch: „Können Sie nächste Woche schon anfangen?"

Deswegen wird bei der Jobsuche häufig nach Referenzpersonen und deren Telefonnummern gefragt. Diese ruft der neue Arbeitgeber dann an und erkundigt sich auch tatsächlich nach der Arbeitsweise und der Persönlichkeit des Bewerbenden!

Jobanzeigen stehen in der Zeitung (samstags) oder im Internet (Adressen s. unten). Ferner kann man sich bei den zahlreichen privaten Jobagenturen (employment agencies – suche unter *www.yellowpages.com.au*) anmelden oder sich an die staatliche Agentur Centrelink wenden (vergleichbar mit der Arbeitsagentur).

Centrelink hilft nicht nur bei der Arbeitssuche, sondern auch bei der Anerkennung von Zeugnissen, falls notwendig Fortbildungskurse zu finden und sich für eine Steuernummer anzumelden. Die einzelnen Büros in den jeweiligen Städten sind auf der Webseite *www.centrelink.gov.au* gelistet oder können telefonisch unter 13 10 21 (Nummer in Australien) erfragt werden.

Centrelink betreibt zudem sogenannte „Career Information"-Zentren, die sich gerne als 'one-stop-shops' sehen, wo alle gleichermaßen Beratung und Hilfe finden. Studenten, die ihre Karriere planen wollen, Arbeitslose, die wieder eine neue Arbeitsstelle suchen oder Leute, die ihre Stelle wechseln wollen. Centrelink ist auch die Anlaufstelle für Arbeitslosengeld und andere staatliche Unterstützungen. Allerdings muss man mindestens zwei Jahre als Permanent Resident im Land gelebt haben, bevor man diese finanziellen Unterstützungen wahrnehmen kann. Um eine Alters- oder Behindertenrente in Anspruch nehmen zu können, muss man mindestens zehn Jahre in Australien gelebt haben.

Übrigens: Australien zahlt kein Kindergeld! Es gibt nur einen sogenannten Child Care Benefit für Familien mit sehr geringem Einkommen bzw. für Alleinerziehende etc. Darunter versteht man quasi eine Zuzahlung zu staatlich anerkannter und registrierter Kinderbetreuung. Auch dazu braucht man eine Permanent Residency!

(S. Kapitel „Mit Kindern nach Down Under" und *www.familyassist.gov.au*)

Die wichtigsten Tageszeitungen sind:
Australienweit: The Australian
Adelaide: The Advertiser
Alice Springs: Alice Springs News
Brisbane: The Courier-Mail
Cairns: The Cairns Post
Canberra: The Canberra Times
Darwin: Northern Territory News
Hobart: Mercury
Melbourne: The Age
Perth: The West Australian
Sydney: Sydney Morning Herald

Wichtigste Online-Jobvermittler:
www.seek.com.au
www.mycareer.com.au
www.careerone.com.au
www.careersonline.com.au (auch allg. Informationen zu Stellensuche und Bewerbung)
www.jobnet.com.au (wichtige Seite für IT-Fachleute)
www.hospitalitybiz.com.au (wichtige Seite für Jobs aus der Gastronomie, Hotelindustrie)
www.jobsguide.com.au
www.jobsplus.com.au
http://employment.byron.com.au
www.bluecollar.com.au
www.job-directory.com.au
www.traveljobs.com.au
www.careerbuilder.com (intern. Suchmaschine, Australien muss ausgewählt werden)
www.monster.com (intern. Suchmaschine, Australien muss ausgewählt werden)
www.wazza.com (hier kann man seinen Lebenslauf, ein Vorstellungs-Video etc. einstellen – alles kostenlos für Arbeitnehmer)
www.gumtree.com.au (hier ist alles kostenlos; abgesehen v. Stellenauch Wohnungs- und Kontaktanzeigen, Community Services etc.)

Speziell auf Westaustralien zugeschnitten:

www.gowestnow.com.au

Weitere hilfreiche Links der Regierung bzw. der einzelnen Staaten:

Australian Government Website
http://jobsearch.gov.au

Australian Capital Territory
www.liveincanberra.com.au

Queensland
www.sdi.qld.gov.au

Südaustralien
www.southaustralia.biz/move/jobs_on_offer.htm

Victoria
www.LiveInVictoria.vic.gov.au

Westaustralien
www.migration.wa.gov.au

Zu Bewerbungen bei deutschen, österreichischen oder Schweizer Firmen in Australien erhält man Auskunft bei den jeweiligen Handelskammern:

German-Australian Chamber of Industry and Commerce
Deutsch-Australische Industrie- und Handelskammer
Level 10, 39-41 York Street

Sydney NSW 2000
Tel. +61 (0) 2 8296 0400
Fax +61 (0) 8296 0411
www.germany.org.au

Austrian Consulate General
/Commercial Section
10/1 York St
Sydney NSW 2000
Tel: +61 (0) 2 9247 8581
Fax: +61 (0) 2 9251 1038
www.austriantrade.org/australia

Swiss-Australian Chamber of Commerce and Industry SACCI
Level 5, 23-25 O'Connell Street
Sydney NSW 2000
Tel: +61 (0) 2 9223 7222
Fax: +61 (0) 2 9223 7211
www.sacci.com.au

Hier finden sich in den Mitgliederverzeichnissen viele Adressen von europäischen Vertretungen in Australien.

Die Jobsuche aus dem Ausland

Wer schon von Europa aus nach einer Stelle suchen möchte, kann und soll das natürlich probieren. Aufgrund des hohen Arbeitskräftemangels in manchen Bereichen, kann dies im Moment auch funktionieren. Onlinebewerbungen sind in Australien ebenso bekannt wie hierzulande.

Internationale Arbeitsvermittlung
Bei Fragen zum internationalen Arbeitsmarkt oder zu konkreten Stellenangeboten im Ausland bieten sich folgende Möglichkeiten:
1. Im Stelleninformationsservice (SIS) der örtlichen Arbeitsagenturen sind neben nationalen auch Stellenangebote für das Ausland enthalten.
2. Die Zentralstelle für Arbeitsvermittlung ist die internationale Personalagentur im Netzwerk der Bundesagentur für Arbeit.

Zentralstelle für Arbeitsvermittlung (ZAV)
Villemombler Str. 76
53123 Bonn
Info Hotline: +49 (0) 180 100 30 60
Bonn-ZAV@arbeitsagentur.de

Öffnungszeiten:
Montag bis Mittwoch: 8:15 Uhr – 16.00 Uhr
Donnerstag: 8.30 Uhr – 18:00 Uhr
Freitag: 8:15 Uhr – 14:00 Uhr

Vor Arbeitsbeginn in Australien müssen organisiert werden ...

- ein Bankkonto
- eine Tax File Number (TFN) (s. Kapitel Steuern)
- eine TFN Deklaration für den Arbeitgeber (Formular erhält man vom Arbeitgeber)

Arbeitszeit, Krankheitstage, Urlaub und Mutterschutz

Die übliche Arbeitszeit beträgt in Australien 38 – 40 Stunden. Die Mittagspause ist eine Stunde – ähnlich wie in Europa. Viele Australier fangen früh am Morgen an und hören dann lieber etwas früher auf, um noch auf ein Bier ins Pub, an den Strand zum Surfen, in den Park zum Joggen oder heim zur Familie zu gehen. Viele Australier arbeiten recht flexibel, da in Australien die Geschäfte auch sonntags geöffnet sind und Supermärkte zum Beispiel täglich bis Mitternacht offen haben. Auch viele Ärzte bieten Sprechstunden samstags an, Immobilienmakler arbeiten am Wochenende etc.

Im Normalfall werden zehn Krankheitstage pro Jahr bezahlt. Diese kann man auch nutzen, wenn man sich um kranke Familienangehörige kümmern muss. Danach muss man Urlaub nehmen oder unbezahlt bleiben, es sei denn, man hat eine Versicherung für diesen Fall abgeschlossen.

20 Tage Urlaub sind die Regel bei australischen Unternehmen, allerdings gibt es einen sogenannten „long service leave" von zwei Monaten, den man nach 10 bis 15 Jahren (je nach Bundesland oder Territory) im Unternehmen beantragen kann. Zusätzlich zum Urlaub gibt es im Durchschnitt neun Feiertage. Finanz-Unternehmen gewähren auch den einen oder anderen „Bank Holiday". Ein sympathischer Zug ist, dass Feiertage auch „nachträglich" gegeben werden. Fällt ein Feiertag auf einen Samstag oder Sonntag, dann wird der freie Tag am Montag nachgeholt.

Bezahlter Mutterschutz existiert nur in manchen Unternehmen. Viele Frauen fangen schon nach wenigen Wochen oder Monaten wieder in ihrem Beruf an. Offiziell beträgt der „Parental Leave" – also die Zeit, in der der Arbeitgeber die Stelle zurück geben muss, 52 Wochen.

Wer Fragen zu seinem Gehalt, den Arbeitsbedingungen und seinen spezifischen Rechten hat, der findet zum Beispiel Informationen und Helplines unter *www.workplace .gov.au*.

Gewerkschaften

Gewerkschaften sind zwar zahlreich vorhanden, doch die Arbeitsbedingungen sind deutlich arbeitgeberfreundlicher als zum Beispiel in Deutschland. Betriebsräte und Kündigungsschutz sind vielerorts unbekannt. Üblich sind vier Wochen Kündigungsfrist.

Besonders in Westaustralien kommen die Baufirmen mit der Arbeit nicht mehr hinterher

Die meisten der über 60 Gewerkschaften haben das Australian Council of Trade Unions (ACTU) als Dachorganisation akzeptiert. Die ACTU kämpft im Augenblick gegen das von der Regierung eingeführte Programm WorkChoices, den sogenannten Workplace Relations Act 1996, der 2005 weiter ausgeführt wurde, und die Position der Arbeitgeber gegenüber ihren Angestellten stärkt. Das Programm erleichtert es Arbeitgebern, Angestellte, mit denen sie unzufrieden sind, zu entlassen. Zum Beispiel wurde die Probezeit von drei auf sechs Monate erhöht und betriebsbedingte Kündigungen können im Normalfall nicht angefochten werden. Auch Arbeitgeber mit weniger als 100 Angestellten können bei einer Kündigung nicht auf Entschädigung verklagt werden.

Die eigene Firma gründen

Wer selbständig arbeiten möchte, der muss eine sogenannte Australian Business Number beim Finanzamt beantragen. Dies ist sogar online über die Webseite des

Australian Taxation Office möglich – *www.ato.gov.au*. Es dauert circa 28 Tage, bis man die Nummer hat und „loslegen" kann.

Wer nicht als „Sole Trader" auftreten möchte, sein Risiko minimieren und Business Partner mit hineinnehmen möchte, für den empfiehlt sich eine Pty Ltd, die unserer GmbH ähnelt und über eine beschränkte Haftung verfügt. Eine ABN-Nummer kann man auch als temporärer Einwanderer unproblematisch erhalten, doch für die Gründung einer Pty Ltd muss man ein Dauervisum besitzen bzw. muss zumindest der Direktor ein australischer Resident sein (Eigentümer kann man dann nach wie vor zu 100 % sein). In diesem Fall kann man auch eine bestehende Firma kaufen und übernehmen. Eine Pty Ltd zu gründen kostet zwischen 1000 und 2500 $ an Gebühren und Rechtsanwaltskosten. Hilfe beim Start einer eigenen Firma unter *www.business.gov.au*

Außerdem bietet jeder einzelne Staat sogenannte Business Development Agencies, die einen beim Aufbau einer Firma beraten und unterstützen. Auf vielen dieser Seiten erfährt man auch Wissenswertes über Visum, Lebensbedingungen etc. im jeweiligen Staat. (also auch interessant für all diejenigen, die sich nicht gleich selbständig machen wollen)

Köche sind gesucht in Down Under

Australian Capital Territory:
www.business.act.gov.au

New South Wales:
www.business.nsw.gov.au

Northern Territory:
www.migration.nt.gov.au

Queensland:
www.sd.qld.gov.au

Südaustralien:
www.immigration.sa.gov.au

Tasmanien:
www.development.tas.gov.au

Victoria:
www.liveinvictoria.vic.gov.au

Westaustralien:
www.sbdc.com.au/businessmigration

Wer seine Firma in Australien etablieren möchte oder auf dem fünften Kontinent investieren möchte, dem ist mit dem Investitionsführer des Rechtsanwaltes Wolfgang Babeck weitergeholfen. Erhältlich über info@germany.org.au.oder beim Verlag *www.gdigest.com*. Erste Informationen finden sich auch auf der Webseite von Dr. Babeck unter *www.australischesrecht.de*.

Bewerbung

Eine Bewerbung in Australien sieht anders aus als in Deutschland, Österreich oder der Schweiz. Dicke Bewerbungsmappen sind nicht üblich und Zeugnisse (natürlich ins Englische übersetzt) braucht man erst zum Vorstellungsgespräch mitzubringen. Bewerbungsmappen werden normalerweise nicht zurückgeschickt! Eine Bewerbung besteht aus Anschreiben (cover letter), Lebenslauf (curriculum vitae bzw. résumé) und den persönlichen Referenzen (letters of recommendation).

Anschreiben (Cover Letter)
Das Anschreiben ist das „Werbeschreiben" für den Jobanwärter. Es sollte eine persönliche Note setzen und Floskeln vermeiden: warum ist dies die richtige Stelle für den Bewerber, welche Qualifikationen bringt er für das Unternehmen mit, welche Erfolge hat er bisher erzielt ... Zurückhaltung ist nicht angebracht, Australier sind gut im Selbst-Marketing!

Eine übersichtliche Gliederung des Briefes in Briefkopf (Adresse inklusive Emailadresse), Datum und direkte Anrede des Ansprechpartners ist ein guter Start. Eine Betreffzeile ist nicht notwendig. Der Cover Letter sollte nicht über eine Seite lang sein.

Lebenslauf
(Curriculum Vitae/Résumé)

1. Briefkopf
Die Überschrift lautet im Englischen Curriculum Vitae. Es folgen die persönlichen Daten: Vor- und Nachname, Adresse, Telefon und Handy, Email-Adresse, evtl. Webseite. Kein Photo, kein Geburtsort, keine Religion und kein Familienstand. Geburtsdatum und Staatsangehörigkeit können hier genannt werden, evtl. Sprachen, die man spricht. Experten raten aber oft davon ab, Geburtsdatum und Herkunft zu nennen.

2. Berufsziel
(Job/Career Objective)
In kurzen Worten: warum will man in dieser Position arbeiten, was will man erreichen?

3. Berufliche Erfahrungen
(Work Experience)
Evt. kann der Job History eine kurze Zusamenfassung voraus-

gehen. (Career Overview)
In der folgenden „Professional history" sollte anti-chronologisch die Arbeitshistorie von heute zurück in die Anfänge beleuchtet werden.
Jobtitel, Arbeitgeber, Daten, evtl. eine kurze Beschreibung des Arbeitgebers
und Aufgaben, Erfolge, Preise, Errungenschaften während der Tätigkeit.

4. Ausbildung (Education)
Name der Uni/FH, Fach/Fächer
Schwerpunkte im Studium
Name der Schule bzw. Schultyp, Ort, Abschluss, eventuell Note
Sonstiges (im Bereich Bildung)

5. Besondere Kenntnisse und Fähigkeiten (Additional Skills)
Sprachen, Level
Computer Skills
Führerschein
Freizeitaktivitäten und soziale Engagements (falls passend und positiv)

6. Referenzen (References)
Hier sollten Ansprechpartner (Name, Firma, Position) mit Telefonnummer genannt werden, die berufliche wie akademische Leistungen beurteilen können.
Achtung: Diese werden tatsächlich angerufen! (Also vorwarnen!)

Zum Schluss folgen weder Datum noch Unterschrift!

Geschäftsstil – Business-Tipps Down Under

Umgang miteinander

Australier sind locker und direkt bei der Arbeit. Selbst unter Geschäftsleuten verhalten sich Australier ziemlich locker und zwanglos. Man spricht sich nicht mit Mr und Mrs an, sondern mit dem Vornamen. Obwohl Australien bürokratischer ist, als man vermuten könnte und es für vieles ein passendes Formular gibt, so schätzt der Australier andersherum Kompliziertheit nicht. Auch wenn man alles gerne schriftlich macht, so soll der Umgang geradlinig und klar verständlich sein. Australier sind keine Angeber, aber sie sind – wie bereits erwähnt – gut im Selbst-Marketing. Punkten kann, wer sich als höflich, kenntnisreich und humorvoll erweist. Unter männlichen Kollegen geht es manchmal relativ derb zu. Auch wenn das für manchen Mitteleuropäer ungewohnt sein mag, so ist es ein gutes Zeichen, wenn man in diese „Witzeleien" miteinbezogen wird. Manchmal holt Deutsche und Österreicher in Australien noch die Geschichte ein und ein beliebter Spruch im Umgang ist: „Don't mention the war."

Business Lunch und Feierabendbier

Nicht beleidigt sollte man sein, wenn nicht das ganze Büro zusammen Mittagessen geht. Dies ist in Australien nicht gleichso üblich – es freuen sich aber alle, wenn man selbst die Initiative ergreift und fragt, wer mitkommen möchte. Üblich ist es, auf Business-Lunches zu gehen, bei denen dann gut gegessen und zuviel getrunken wird. Gelegentlich dauern diese Lunches bis in den Abend hinein und werden dann gleich vom beliebten Feierabendbier abgelöst. Beim Getränkeholen an der Theke gilt übrigens, dass jeder der Gruppe mal eine Runde ausgibt. („To shout a drink").

Pünktlichkeit

Während Handwerker oft Stunden später zu Terminen auftauchen, ist dies bei Geschäftsterminen nicht üblich. Hier ist man pünktlich und läßt auch Gäste nicht warten. Bei privaten Einladungen sind 15 bis 30 Minuten Verspätung in Ordnung. Geschenke werden angenommen, zum Beispiel eine Flasche Wein, Blumen oder Pralinen. Bei Privat-Parties (auch unter Kollegen) ist es nicht ungewöhnlich, dass man gebeten wird: „Bring a plate." Das heißt, dass man einen Salat, eine Nachspeise etc. beisteuern soll.

Kleidungsstil

In den sogenannten Central Business Districts (CBDs) von Sydney, Melbourne und Perth wird auf förmliche Kleidung geachtet. Für Männer bedeutet dies Anzug mit Hemd und Krawatte. Frauen tragen Kostüme oder Hosenanzüge. In den ländlicheren Regionen und vor allem im Norden Australiens, wo teilweise tropisches Klima herrscht, wird eine luftigere, aber ordentliche Kleidung akzeptiert.

Pelikan an der Mornington Peninsula

EXKURS

TRAUDL TROSKA IST EINE DER BEKANNTESTEN DESIGNERINNEN IN SYDNEY

Auswanderer Story: Ausgewandert nach Australien und ins Glück

Wenn Traudl Troska einem entgegen geht, dann strahlt sie Energie pur aus. „Hello. I'm Traudl. Wie geht es Ihnen?" Ihre Sprache ist ein bisschen Englisch, ein bisschen Deutsch – ein sympathisches Kauderwelsch, das sie sich in den über 20 Jahren Australien angewöhnt hat. Doch die Wege, die sie ans andere Ende der Welt und letztlich zum Glück geführt haben, waren oft verwinkelt und ganz bestimmt nicht immer einfach ...

Das Leben hatte es nicht immer gut gemeint mit Traudl Troska. Als Sudetendeutsche hatten ihre Eltern zweimal flüchten, zweimal allen Besitz zurücklassen und wieder von vorne anfangen müssen. Zuerst hatten sie die Tschechoslowakei verlassen und waren später nochmals aus der DDR geflohen. „Aber wir Kinder verstanden das alles ja noch nicht." Als die Familie die DDR hinter sich ließ, hatten die Eltern nur einen Koffer gepackt und den Kindern gesagt, sie gingen in Urlaub. „Wir hätten sonst alles ausgeplaudert." Mehrere Jahre verbrachte Traudl mit den Eltern und dem älteren Bruder in Flüchtlingslagern in Hamburg und Berlin. „Für meine Eltern war das sicher alles sehr schwer, aber für mich als Kind war es gar nicht so schlimm – ehrlich. Da war es nur wichtig, die Liebe der Eltern zu haben, und die hatten wir zu jeder Zeit."

In Hamburg begann sie später dann auch ihre berufliche Karriere. Nach der mittleren Reife folgte eine Lehre als Buchhändlerin. Doch schnell wechselte sie in die Öffentlichkeitsarbeit, arbeitete für eine PR-Agentur und schließlich als PR-Referentin für CBS Records (heute Sony Music). Ihr Leben bestand aus Parties und Reisen. Sie betreute Künstler wie Roberto Blanco, Costa Cordalis oder Karel Gott, traf Michael Jackson, Supertramp oder die australische Band Sherbert. Die

Mit diesem Halstuch fing alles an

gaben ihr dann auch den Anstoß, nach Australien zu gehen. „Sie alle schienen recht nett zu sein, waren bodenständig und sahen auch einigermaßen gut aus." Eigentlich wollte sie erst mal nur Urlaub in Down Under machen, doch das Land zog sie von Anfang an fast magisch an. „Ich war 30, hatte genug von meinem Job und eine Ehe hinter mir – ein klassischer Fall von zu jung geheiratet und dann auseinandergelebt. In Australien kannte mich niemand, niemand konnte mich beurteilen ..." Die Familie reagierte positiv auf den unerwarteten Schritt, Freunde und Kollegen fanden ihn mutig.

Die Anfangszeit im neuen Land war dann turbulent. Als Rucksacktourist nahm sie in Sydney jeden Gelegenheitsjobs an, der ihr so unterkam: ein bisschen Kellnern, ein bisschen Promotion, ein bisschen Modeln. Bis ihr die Idee mit den Halstüchern kam. „Als mich die sechste Person auf mein Halstuch ansprach, kam mir die Idee mit der Mode." Das Halstuch war rosafarben, aus Wildleder gemacht und mit vielen glitzernden Steinen besetzt. Traudl beschloss, das Halstuch nachzunähen und zu verkaufen. „Ich startete also mein erstes kleines Business, kaufte Leder und Stoff, nähte Halstücher und Schals und später sogar kleine Röcke." Ihr erstes eigenes Design bot sie auf einem Markt im Sydney-Stadtteil Paddington an. Jede Woche nahm sie lange Busfahrten auf sich, um Materialien einzukaufen. Kein Vergleich zu dem Komfort und den helfenden Händen, die sie heute umgeben. Und doch denkt sie noch oft an diese Anfangszeit, in der sie sich in Land und Leute und in ihren neuen Beruf verliebte. „Es war alles so herrlich einfach. Ich kaufte, verkaufte und reinvestierte. Manchmal vermisse ich diese Zeit, doch jede Station hat eben ihre positiven Seiten."

In dieser Phase lernte sie dann über Freunde ihren zukünftigen Mann Steve Sledge kennen. „Wir wollten ein Auto kaufen und eine Freundin sagte, ich kenne da einen, der sich auskennt." Und derjenige war Steve. Der junge Amerikaner schlug sich wie Traudl so in Australien durch. Eine ganze Weile arbeitete er zum Beispiel auf einer Farm auf Tasmanien und sammelte Äpfel. „Wir waren sofort voneinander angezogen. Und zu zweit durchs Leben gehen, ist gerade in einem anderen Land nochmal besser."

Die beiden besuchten Design- und Stoffdruckkurse an der technischen Hochschule in Sydney – bis sie 1985 schließlich den großen Schritt wagten, das Modelabel Von Troska gründeten und den ersten Laden in Sydney eröffneten.

Traudl Troska in ihrem Traumhaus im Norden Sydneys

Erst sollte die Marke Traudl Troska heißen, doch „niemand konnte das in Australien aussprechen," lacht Traudl. Im Geschäft behielten sie die anfängliche Rollenverteilung bei: Traudl designte und Steve kümmerte sich um das Geschäftliche. Ein Rezept, das zum Erfolg führte. Stetig wuchs das Geschäft der beiden und obwohl sie quasi Tag und Nacht zusammen waren, tat es ihrer Beziehung keinen Abbruch. „Steve ist noch heute das größte Glück meines Lebens, auch wenn wir uns manchmal gegenseitig die Köpfe einschlagen. Das gehört dazu, wenn man zusammen lebt und arbeitet." Seit 1986 sind die beiden auch verheiratet. „Steve unterstützt mich in meinen Ideen, beruflich wie privat. Wir lieben beide Wechsel und Veränderung, sind bereits über zehn Mal umgezogen." Beide reisen auch gerne, unter anderem nach Indien, Marokko, Frankreich oder in die USA. Nach wie vor besucht sie aber auch Deutschland gerne – macht Urlaub in der einstigen Heimat. Sie zeigte ihrem Mann Ursprünge und Wege ihres Lebens und erforschte selbst

Orte, vor denen sie als Kind geflohen ist. „Vor einigen Jahren habe ich mir die Ostgebiete angeschaut, bin auch in das Schloss in der Nähe von Magdeburg gefahren, wo ich geboren wurde. Das war damals noch ein Krankenhaus gewesen. Eine wunderschöne und sehr spannende Reise!" Bei allen Urlauben liebt sie es auch, Natur zu erleben. Deshalb liegen ihr Süddeutschland und die Alpen besonders am Herzen. Und trotzdem: „Ich hatte bisher nicht 1/10 Sekunde lang den Wunsch, wieder zurückzugehen, auch wenn ich Schnitzel, Rollmops und Pflaumenkuchen vermisse."

Australien hat ihr in vielem die Augen geöffnet. Heute ist ihr Lebensmotto 'take it easy'. „Australier sind offen und freundlich, und noch immer ist soviel Pioniergeist vorhanden. Ich hatte stets das Gefühl, hier alles machen zu können."

Ende 2006 kehren sie und Steve deshalb dem erfolgreichen Modebusiness den Rücken zu. Sie verkaufen Label und Läden, und Traudl fängt nochmal ganz von vorne an: dieses Mal als Schmuckdesignerin. Schöne Accessoires lagen ihr schon immer am Herzen. 2007 gründete sie deshalb ihr neues Label „Schön", *www.schon.com.au:* kunstvoller Silberschmuck, Ketten mit bunten Steinen, Armreifen, Ohrringe, alles handgemacht – Einzelstücke mit dem besonderen Etwas und voll von der Sinnlichkeit, die Traudl Troska auch bereits in ihrem Modedesign zeigte. Ein mutiger Neuanfang mit fast 60, doch Traudl ist wie immer voller Energie und Vorfreude auf das, das kommen wird. Denn wie sie sagt: „Man muss flexibel bleiben – denn das hält jung."

Jung hält sie auch der „Australian Way of Life", den sie voll und ganz für sich eingenommen hat: morgens am Strand schwimmen gehen, auf ihrer Terrasse frühstücken, Freunde zum Grillen – dem australischen Barbecue (ein Nationalsport der Australier) – einzuladen. Steve kocht gerne und Traudl isst gerne: „Am liebsten Schokoladen-Streuselquarkkuchen!" Um trotzdem ihre schlanke Linie zu halten, sportelt sie regelmäßig. Sie geht laufen, schwimmen und macht Gewichtetraining. Doch alles in entspannter Atmosphäre. „Früher hätte ich nie so leben wollen. Da wollte ich immer ausgehen und unterwegs sein, aber heute ist es hier genau das Richtige für mich. Hier in Avalon, im Norden von Sydney, ist es so friedvoll, wie in einem kleinen Dorf. Jeder kennt jeden und die Leute laufen in Sarongs rum und haben ein Surfboard unterm Arm. Ich liebe das – es ist so herrlich australisch."

Steuern in Australien

Nach der Ankunft und idealerweise bevor man eine Arbeitsstelle anfängt, sollte man sich um eine Steuernummer bemühen: die sogenannte Tax File Number (TFN). Nach dieser fragt jeder Arbeitgeber als erstes. Wer sich selbständig machen möchte, der beantragt außerdem eine Australian Business Number (ABN). Die Nummern kann man direkt beim Finanzamt, dem Australian Taxation Office (ATO), beantragen oder übers Internet. Die Ausstellung der Nummern dauert zwischen 10 und 28 Tagen.

Webseite des ATO:
wwsw.atogov.au
Australian Taxation Office – Personal Tax: Tel: 13 2861
Business Tax: Tel: 13 2866 (innerhalb Australiens)

Das Finanzjahr fängt in Australien am 1. Juli an und endet am 30. Juni des darauffolgenden Jahres. Einkommens-Steuererklärungen sollten bis zum 31. Oktober beim Finanzamt abgegeben werden. Wer einen Steuerberater beauftragt, hat sogar bis März des darauf folgenden Jahres Zeit. Formulare für die Steuererklärung gibt es online, bei den meisten Schreibwarenläden oder dem Taxation Office.

Gerade in den ersten Jahren empfiehlt es sich aber, die Steuererklärung von einem Steuerberater machen zu lassen. Denn auch wenn Australien ein augenscheinlich lockeres Land ist, so ist es doch unerwartet bürokratisch und die steuerrechtlichen Anforderungen sind nicht weniger kompliziert als in Deutschland. Eine Steuerberatung gibt es – wie viele andere Dienstleistungen auch – bereits zu günstigen Preisen (eine Standarderklärung kann man bereits um die 80 – 100 $ erhalten).

Was wird versteuert?

Zu versteuern ist in Australien sämtliches Einkommen, das man hat: jede Arbeitseinnahme, Mieteinnahmen oder auch Zinsen, die man über Investment- und Spareinlagen erhält. Dies gilt auch für Einnahmen und Investitionen im Ausland.

Was kann man absetzen?

Ausgaben für die Arbeit können abgesetzt werden, aber es gibt zum Beispiel kein Kilometergeld für den Weg zur Arbeitsstelle und auch Ausgaben für öffentliche Verkehrsmittel (zur Arbeitsstelle) können von Festangestellten nicht abgesetzt werden. Etwas flexibler ist dies bei Selbständigen, die Tickets, Parkgebühren, Straßengebühren etc. absetzen können. Zu den Ausgaben, die aber alle angeben können, gehören zum Beispiel: Beiträge für Berufsorganisationen, Fahrtkosten zu externen Terminen, Telefongebühren, Schreibwaren, Bücher für berufliche Zwecke, die der Arbeitgeber nicht ersetzt hat oder Kosten für Steuerberater. Auch berufsunabhängig Ausgaben können abgesetzt werden: Spenden für wohltätige Zwecke und medizinische Ausgaben, die 1750 $ überschreiten.

Die verschiedenen Steuerformen

Die wichtigsten Steuerarten, die man als Privatperson in Australien kennen sollte sind: die Einkommenssteuer für Privatpersonen (Personal Income Tax), die Körperschaftssteuer für Unternehmen (Corporate Tax, Company Tax), die Steuer auf Lohnnebenleistungen des Arbeitgebers (Fringe Benefits Tax – FBT), die Kapitalertragssteuer (Capital Gains Tax – CGT) und die Waren- und Dienstleistungssteuer, vergleichbar mit unserer Mehrwert- oder Umsatzsteuer (Goods and Services Tax – GST).

Selbständige sollten wissen, dass sie sich beim Finanzamt für GST registrieren müssen, sobald sie über 75 000 $ im Jahr verdienen. Dann müssen sie diese zehnprozentige Steuer auf ihre Rechnungen aufschlagen und später ans Finanzamt abführen.

Steuern entrichten

Bei Festangestellten führt der Arbeitgeber die Steuern (inklusive der Sozialabgaben) bereits vom Bruttogehalt ab. Zu Ende des Finanzjahres erhält man vom Arbeitgeber eine Abrechnung, die alle Abgaben auflistet. Dieses sogenannte Group Certificate reicht man bei der Steuerbehörde zusammen mit seinen Quittungen, die man absetzen möchte, ein. Selbständige können ihre Steuern einmal im Jahr oder (und das ist empfehlenswert) im PAYG (Pay as you go) Verfahren einmal im Quartal bezahlen. Am Ende des Finanzjahres werden dann die bereits entrichteten Steuern mit den echten Einnahmen und Ausgaben verrechnet.

Bei australischen Bürgern und Permanent Residents sind die ersten 6000 $ des Einkommens steuerfrei. Danach zahlt man bis zu einem Betrag von 30 000 $ 15%. Dieser Steuersatz steigt danach stufenweise bis auf 45%.

Besteuerung von Permanent Residents im Jahre 2007/08 (ohne Medicare* Abgabe von 1,5%)	
Steuerpflichtiges Einkommen	Besteuerung
Von 1 bis 6000 $	0
Von 6001 bis 30 000 $	15 %
Von 30 001 bis 75 000 $	30 %
Von 75 001 bis 150 000 $	40 %
Über 150 001 $	45 %

Quelle: Australian Taxation Office
*Medicare ist die staatliche Krankenversicherung

Wer also zum Beispiel als Permanent Resident 40 000 $ verdient, der zahlt auf die ersten 6000 $ keine Steuern, zwischen 6001 und 30 000 $ 15 % und auf den Restbetrag 30 %. (siehe Tabelle oben)

Temporäre Einwohner haben keinen Freibetrag, sondern ihr Einkommen wird ab dem ersten Dollar an versteuert. Der Höchststeuersatz beträgt auch hier 45%. Diesen schlechteren Bedingungen können sie aber u.U. entgehen, indem sie angeben „Resident for Tax Purposes" zu sein und damit wieder in die Tabelle oben rutschen (Bitte mit dem Steuerberater absprechen).

Besteuerung von Non-Residents im Jahre 2007/08 (nicht Medicare-berechtigt)	
Steuerpflichtiges Jahreseinkommen	Besteuerung
Von 0 bis 30 000 $	29 %
Von 30001 bis 75 000 $	30 %
Von 75 001 bis 150 000 $	40 %
Über 150 001 $	45 %

Quelle: Australian Taxation Office

Wer also zum Beispiel als Non-Resident 40 000 $ verdient, der zahlt auf die ersten 30 000 $ 29 Prozent Steuern und für die übrigen 10 000 $ 30 %. (siehe Tabelle oben)

Doppelbesteuerungsabkommen

Australien hat mit Deutschland, Österreich und der Schweiz sogenannte Doppelbesteuerungsabkommen geschlossen, um zu verhindern, dass Steuerpflichtige in beiden Ländern besteuert werden und somit zuviel Steuern entrichten. Sollte eine europäische Firma bei einem Einkommen bereits eine Quellensteuer abgezogen haben, so kann dies in Australien angerechnet werden. Doppelbesteuerungsabkommen bedeuten aber auch, dass beide Länder sich gegenseitig alle Informationen offenlegen!

Steuervorteile für temporäre Residents

Wer mit einem temporären Visum in Australien ist, kann sich die sogenannte LAFHA, die „Living Away From Home Allowance" zu Nutze machen. Diese Steuererleichterung kann jeder in Anspruch nehmen, der nur zeitweise an seinem neuen Wohnort lebt. Dies gilt auch für australische Bürger, die zum Beispiel für einen begrenzten Zeitraum umziehen, zum Beispiel von Melbourne nach Sydney. Die LAFHA kann maximal vier Jahre in Anspruch genommen werden. Sie soll quasi erhöhte Kosten des Arbeitnehmers durch den temporären Umzug abdecken. Nicht jeder Arbeitgeber erlaubt dem Arbeitnehmer die LAFHA in Anspruch zu nehmen, obwohl ihm selbst keine Kosten entstehen. Die LAFHA ist eine Steuerverringerung, die das Finanzamt gewährt.

Durch die LAFHA wird Australien als Ziel für Expatriots deutlich interessanter, die das Land aufgrund der hohen Steuersätze jahrelang eher gemieden haben. Leider kann die LAFHA nicht von Working Holiday Makers in Anspruch genommen werden.

Papageien gehören in Australien zum Alltag

Versicherungen

Australien bietet eine Fülle an Versicherungsprodukten genau wie Deutschland, Österreich oder die Schweiz auch. Das Thema Autoversicherung wurde ja bereits ausführlich abgehandelt. Wichtige Versicherungen sind zum Beispiel Reise-, Berufsunfähigkeits- und Lebensversicherungen. Auch seine Kreditzahlungen kann man sich im immobilienfreudigen Australien versichern lassen, ebenso wie Haus und Geschäft. Für Geschäftsleute finden sich eine ganze Bandbreite an Produkten, auch Haftpflicht- und Rechtsschutzprodukte.

Hausratversicherung

Ein Standard-Produkt, für jeden Auswanderer ein Muss, ist die „Home and Contents Insurance". Das ist unsere Hausratversicherung, die bei Wahl der Version inklusive „accidental damage" sogar eine persönliche Haftpflichtversicherung einschließt. Diese ist in Australien nicht als Einzelprodukt zu kaufen, sondern eben nur zusammen mit der Hausratversicherung. Wichtig dabei zu wissen ist, dass immer derjenige seine Versicherung bemühen muss, der Eigentümer der beschädigten Sache ist und nicht derjenige, der sie tatsächlich beschädigt hat. Wenn also ein Gast die wertvolle Vase aus der Ming-Dynastie zerbricht, so ist dies in Australien ein Fall für die Hausratversicherung des Eigentümers, aber nicht für eine potentielle Haftpflichtversicherung des Unglücksraben. Bekannte Versicherungsunternehmen in Australien sind zum Beispiel Allianz, NRMA, AAMI, QBE, IAG, Suncorp oder GIO Insurance.

Krankenversicherung

Jeder „Permanent Resident" und jeder australische Bürger hat ein Anrecht auf die gesetzliche Krankenversicherung Medicare, finanziert aus allgemeinen Steuergeldern und der sogenannten „Medicare Levy". Letztere ist im allgemeinen eine Abgabe von 1,5 Prozent des Bruttoeinkommens eines jeden Versicherten. Ein weiteres Prozent kann bei Vielverdienern hinzu kommen, die keine private Zusatzversicherung haben. Medicare ist also eine sehr günstige gesetzliche Krankenversicherung für jeden – sie deckt allerdings nicht jede medizinische Behandlung ab. Krankenhausaufenthalte in öffentlichen Krankenhäusern werden aber bezahlt, und auch verschreibungspflichtige Medikamente (über das Pharmaceutical Benefits Scheme) und Arztkosten werden zum großen Teil übernommen. Patienten bezahlen im Normalfall nur die Differenz zwischen dem von der Regierung festgesetzten Satz und dem tatsächlichen Preis des jeweiligen Arztes. Dies bezieht sich auf Allgemeinärzte, Fachärzte und einige wenige ausgewiesene Optiker und Zahnärzte. Letztere werden aber im Normalfall überhaupt nicht übernommen.

Näheres unter:
www.medicareaustralia.gov.au
www.health.gov.au

Viele Australier entscheiden sich deswegen zum Abschluss einer privaten Krankenzusatzversicherung. Diese erstattet zum Beispiel auch Behandlungen in Privatkrankenhäusern, Zahnarztbehandlungen, Physiotherapie, Naturheilverfahren und den Service von Optikern. Je nachdem für welches Produkt man sich entscheidet. Über ein „Rebate System" zahlt die australische Regierung bis zu 30 Prozent der Kosten für eine private Krankenversicherung an den Versicherten zurück. Dies kann über eine verringerte Prämie geschehen oder als Steuerersparnis eingefordert werden.

Hilfreiche Webseiten bei der Auswahl eines Produktes:
www.iselect.com.au
www.healthinsurance.com.au
www.phiac.gov.au

Wer sich ohne Dauervisum in Australien aufhält, hat keinen Anspruch auf Medicare, sondern muss sich privat versichern. Dies ist möglich über Produkte noch im Heimatland (Versicherungen für Menschen, die im Ausland tätig sind) oder über private Versicherungen hier in Australien. Bei einem befristeten Aufenthalt empfiehlt es sich, den Arbeitgeber um Unterstützung und eine eventuelle Kostenübernahme beim Thema Krankenversicherung zu bitten.

Exkurs Gesundheitssystem

Das australische Gesundheitssystem hat ein hohes Niveau; die medizinische Forschung in Australien gilt als Weltklasse. Hier entwickelte die australische Firma Cochlear das weltweit erste Implantat für Gehörlose oder der australische Wissenschaftler Ian Frazer die erste Impfung gegen Gebärmutterhalskrebs. Wer in Australien zum Arzt geht, ist also meist gut aufgehoben, obwohl durchaus Unterschiede zum deutschen System bestehen. So leidet das australische System an Ärzte- und Pflegepersonalmangel, und auch die teils riesigen Entfernungen verhindern manchmal eine schnelle und professionelle Behandlung. Im Outback hat man deswegen bereits 1928 den „Royal Flying Doctor Service" eingerichtet, wo Ärzte und Krankenschwestern per Flugzeug zu Notfällen in einsam gelegene Gegenden reisen. In den Städten muss man zwar nicht auf seinen Arzt aus der Luft warten, doch bei Operationen und Krankenhausaufenthalten kann es durchaus zu Wartezeiten kommen.

Ein weiterer Unterschied ist das sogenannte „Referral System". Zuerst ist immer der Allgemeinarzt – der „General Practitioner" aufzusuchen. Erst dieser überweist den Patienten dann zum Facharzt, sei es Gynäkologe, Kinderarzt, HNO-Arzt, Augenarzt, Orthopäde, Radiologe etc.

Rente in Australien

Der Arbeitgeber zahlt mindestens neun Prozent des Bruttoeinkommens in einen sogenannten Superannuation Fonds. Superannuation oder kurz „Super" genannt ist eine Pflicht-Rentenvorsorge, in die Arbeitgeber und Arbeitnehmer aber auch freiwillig noch einzahlen können. Dieses Geld wird bei Rentenantritt ausgezahlt und bleibt unversteuert! Jeder Australier kann sich seine Superannuation ab dem 55. Lebensjahr auszahlen lassen, entweder in einer Summe oder als regelmäßige Pensionszahlungen. Bis zum Jahr 2025 wird diese Altersgrenze aber schrittweise auf 60 Jahre angehoben werden.

Etliche Fondsanbieter bieten ihre Dienst für die Superannuation an, so dass ein Vergleich wegen unterschiedlicher Gebühren der Anbieter lohnt. Man muss nicht den vom Arbeitgeber gewählten Fonds behalten, sondern kann durchaus auch wechseln. Informieren kann man sich beispielsweise unter *www.superratings.com.au*.

Wer nur kurzfristig in Australien bleibt, kann sich die einbezahlte Superannuation bei der Abreise normalerweise auszahlen lassen. Selbstverständlich kann man zusätzlich auch seine staatliche wie auch private Rentenvorsorge im Heimatland weiterlaufen lassen, um so eine spätere Rentenkürzung wegen Beitragslücken zu verhindern. Wichtig zu wissen ist es, dass die angesammelte (staatliche) Rente im Regelfall aufgrund sogenannter zwischenstaatlicher Sozialversicherungsabkommen auch im Ausland ausgezahlt wird.

Näheres unter:
www.deutsche-rentenversicherungbund.de (Deutschland)
www.sozialversicherung.at (Österreich)
Schweizer wenden sich bitte an

ihre Botschaft in Canberra (siehe Adresse am Ende des Buches)

Bankwesen

Die großen Banken in Australien sind Westpac, National Australia Bank, Commonwealth Bank, Macquarie Bank und St George Bank. Außerdem gibt es noch sogenannte Credit Unions, Kreditinstitute, deren Kunden auch die Eigentümer des Geldinstituts sind. Sie bieten einen ähnlichen Service wie die Banken an. Populär sind in Australien auch reine Kreditinstitute und Kreditbroker, die einem den günstigsten Kredit für z.B. den Hauskauf vermitteln. Mortgage Broking ist ein großes Geschäft auf dem fünften Kontinent und so mancher hat sich damit den Traum vom Wohlstand erfüllt.

Aber nun erstmal zum Praktischen: Geld abheben kann man vom sogenannten ATM (Automatic Teller Machine) Automaten. Wenn man in einem Geschäft mit seiner EC-Karte bezahlt, so nennt sich das EFTPOS – Electronic Funds Transfer. Bargeldloser Zahlungsverkehr ist sehr verbreitet und wird fast von jedem Geschäft angeboten. Bei den großen Supermarktketten kann man nicht nur mit EFTPOS bezahlen, sondern dabei auch noch Geld von seinem Konto abheben und somit eine Barzahlung entgegennehmen.

Ebenfalls üblich ist es, Schecks auszustellen, wobei verschiedene Formen existieren: den persönlichen Scheck, der auch nicht gedeckt sein kann – dafür aber gratis ist – und einen Bank Scheck, bei dem man weiß, dass er gedeckt ist. Letzteren fordert man bei seiner Bank an und zahlt eine Gebühr für die Ausstellung. Solche Bankschecks werden normalerweise beim Auto- oder Hauskauf gefordert.

Viele Banken bieten kostenlose Girokonten an, die auch einige kostenlose Überweisungen beinhalten. Zur Einrichtung eines Kontos benötigt man im Normalfall zwei Ausweisdokumente und eine australische Postadresse. Sparkonten erzielen in Australien deutlich höhere Zinsen als bei uns, wofür aber natürlich auch Kredite im Verhältnis teurer kommen.

Wichtige Begriffe und Hinweise:

- Die BSB Number entspricht unserer Bankleitzahl.
- Die Account Number der Kontonummer.
- Für Auslandsüberweisungen hat jede Bank einen SWIFT Code aber keinen IBAN.
- Direct Debit entspricht unserer Einzugsermächtigung.
- BPay ist eine eigene Funktion beim Online-Banking. „Offizielle" Rechnungen können so über-

wiesen werden. Dafür gibt es eine Biller-Number und eine Referenznummer. Australier geben nicht gerne ihre Kontodaten preis, so erklärt sich dieses „Alternativ-System".
- Pay Anyone – ist eine Funktion beim Online-Banking und entspricht unserer Überweisung.
- Nicht vergessen: im Englischen verwendet man bei 1,50 $ einen Punkt statt eines Kommas – also 1.50 $.

Deutsche EC-Karten funktionieren im Normalfall auch in Australien. Natürlich fallen Gebühren an, und man ist den täglichen Währungsschwankungen ausgesetzt. Kontoinhaber der Deutschen Bank können bei der australischen Westpac umsonst abheben. Für die ersten Tage oder Wochen, also vor Einrichtung eines eigenen Kontos, ist dies sicher eine gute Zwischenlösung.

Und noch drei Tipps:

1. Jeder Australier besitzt eine Kreditkarte – ohne sie lässt sich kaum mehr ein Hotel oder ein Auto etc. buchen. Also unbedingt mit dem Konto gleich mitorganisieren oder noch eine deutsche mitbringen.

2. Nicht zuviel Bargeld einführen (ab 10 000 $ muss man dies ohnehin beim Zoll deklarieren) – lieber das Geld im Nachhinein von der europäischen auf die australische Bank überweisen lassen. Es empfiehlt sich also, das europäische Konto zumindest am Anfang noch beizubehalten.

3. Wer Angst hat, ungünstige Wechselkurse bei der Überweisung zu erwischen oder hohe Bankgebühren zu zahlen, der kann den Service von Ozforex in Anspruch nehmen, *www.ozforex.com.au/personalmoving.htm*

interconnections

Jobhopping Down Under

Working Holiday
Work & Travel selbst organisiert

http://shop.interconnections.de

Mit Kindern nach Australien

Australien ist ein sehr kinderfreundliches Land. Kindern wird auf der Straße zugewunken, bei einem „Wutanfall" im Supermarkt wird nicht die Nase gerümpft und im Restaurant oder Cafe gibt es meist Malsachen, Hochstühle und natürlich einen „Babycino", einen Kinderkaffee aus Milch und Kakaostreusel. Viele australische Familien haben deutlich mehr Kinder als mitteleuropäische Familien. Familien mit drei oder vier Kindern sind bei weitem keine Seltenheit. 2006 wurden 265 922 Kinder geboren, die höchste Geburtenrate seit 1971.

Australier behüten ihre Kinder sehr. In „guten" Gegenden werden Kinder mit dem Auto zur Schule gebracht und auch wieder abgeholt. Nur selten sieht man sie alleine an der Straße oder am Spielplatz. Das liegt auch an den Ganztagsschulen, wo Kinder ab ihrem fünften Lebensjahr bis zum späten Nachmittag quasi „gut beschäftigt" sind. Das Behüten der Kinder nimmt manchmal ein recht seltsames Ausmaß an – so sollte man sich hüten, fremde Kinder anzufassen (z. B. wenn man am Spielplatz helfen will) oder sie gar mit auf ein Foto zu nehmen. Hier reagieren viele doch recht empfindlich. Ebenso empfindlich reagieren viele Australier und vor allem Kindergärten und Schulen auf die Tatsache, dass manche ausländische Kinder nicht geimpft sind. Dies ist in Australien quasi Standard und bereits nach der Geburt bekommen die Babies hier ihre erste Impfung – nämlich Hepatitis B.

Eine Geburt in Australien muss übrigens beim Registry of Births, Deaths and Marriages angemeldet werden. Die jeweiligen Krankenhäuser informieren aber über diese Vorgänge und vermitteln auch den Erstkontakt zu einem Early Childhood Centre, wo man erste Babykurse belegt und andere Mütter trifft (s. im Folgenden). Übrigens: Kinder, die in Australien geboren wurden, haben – neben ihrer deutschen, österreichischen oder Schweizer Staatsbürgerschaft auch Anrecht auf die australische, sobald die Eltern Permanent Residents sind. Selbstverständlich haben auch Kinder dieses Anrecht, bei denen ein Elternteil Australier ist.

Angebote für Kleinkinder

Kindern wird in Australien viel geboten. Gute und sichere Spielplätze, Sportaktivitäten, Musikstun-

Ein Babycino läßt die meisten Kinder strahlen

den, Spielzentren, Ferienprogramme etc. Die erwähnten sogenannten Early Childhood Centres organisieren Babykurse und Müttergruppen und zudem finden sich an den meisten Orten Spielgruppen (Playgroups), denen man beitreten kann. Wer nach der Geburt eines Kindes früh wieder arbeiten möchte, für den werden verschiedene Formen der Kinderbetreuung angeboten, die jedoch allesamt ziemlich teuer sind. Es besteht die Wahl zwischen Babysittern, Tagesmüttern (family daycare) und Kindermädchen (nannies) bis hin zu Ganztageskrippen (long daycare), die Kinder von Geburt an aufnehmen. Letztere sind äußerst kostspielig – teilweise bis zu 100 $ am Tag – und haben lange Wartelisten.

Staatliche Unterstützung existiert quasi nicht – es sei denn, man fällt unter eine bestimmte Einkommensgrenze. Dann kann man den sogenannten Child Care Benefit in Anspruch nehmen, der einem auf die staatlich anerkannten und registrierten Kindertagesstätten angerechnet wird. Das Geld kann an die Kindergärten ausgezahlt werden, die dann ihre Gebühren verringern oder in einer Gesamtsumme an die Eltern (am Ende des jeweiligen Finanzjahres). Zuständig dafür ist das Family Assistance Office (s. *www.familyassist.gov.au*). Statt eines Kindergeldes wird bei Geburt jedoch ein einmaliger Babybonus gezahlt, momentan 4000 $, ab 1. Juli 2008 5000 $.

Sobald die Kinder drei Jahre alt sind, können sie zwei oder drei Tage die Woche eine Vorschule besuchen, in der Regel von 9 bis 15 Uhr. Wer eine längere und häufigere Betreuung wünscht, lässt die Kinder einfach im Long Day Care, die ebenfalls Preschool Programme anbieten.

Praktisch ist die Einrichtung der Occasional Care Centres, die man, wie der Name schon sagt, nach der

Anmeldung sporadisch nutzen kann – auch mal nur für ein paar Stunden.

Schulunterricht Down Under

Das australische Schulsystem hat einen hervorragenden Ruf, auch wenn es als weniger akademisch gilt. Unsere naturwissenschaftlichen Fächer wie Physik, Chemie und Biologie sind alle im Fach Science zusammengefaßt; die Sprachausbildung wird nicht mit gleicher Intensität verfolgt wie in Europa. Dafür legen australische Schulen mehr Wert auf Berufspraxis, soziale Kompetenz und Charakterbildung. Vor allem Privatschulen bieten viele sportliche und kulturelle Aktivitäten an wie Theater, Tanz, Musikunterricht etc. Aber auch etliche berufsbezogene Fächer stehen zur Auswahl, wo Kinder ihre künftigen Berufswünsche austesten können.

Disziplin wird in Australien höher bewertet, was schon dadurch deutlich wird, dass viele Schulen eine Schuluniform als Pflichtkleidung vorschreiben. Trotzdem herrscht ein sehr positives Klima, denn Schule soll Spaß machen!

Unterrichtsstart ist je nach Schule zwischen 8.15 Uhr und 9 Uhr. Die Schule endet gegen 15 oder 15.30 Uhr. Auch danach kann meist eine Betreuung in Anspruch genommen werden. Samstags ist schulfrei, aber trotzdem treffen sich die Kinder meist zu Sportveranstaltungen. Eltern werden gerne in Schulaktivitäten eingebunden. Die Beziehung der Schüler zur Schule bleibt oftmals ein Leben lang bestehen. Das zeigt sich darin, dass ehemalige Schüler sich schon mal gegenseitig einen Job verschaffen, die Schule mit großzügigen Spenden verwöhnen oder ihre eigenen Kinder ebenfalls wieder dieselbe Schule besuchen.

In entlegenen Gegenden wie im Outback wird über die „School of the Air" unterrichtet, eine Kombination aus Selbststudium und Unterricht per Funkgerät. Nach der Grundschule müssen diese Kinder aber in ein Internat in einem der größeren Orte wechseln.

Das australische Schulsystem kennt keine Dreiteilung wie bei uns mit der Unterscheidung in Hauptschule, Realschule oder Gymnasium. Das System entspricht eher dem Gedanken der Gesamtschule. Jeder geht nach der Grundschule in die sogenannte High School. Kinder gehen schon mit fünf Jahren zur Schule. Das erste Jahr dient eher der Eingewöhnung, wobei die Kinder aber schon Schreiben und Lesen lernen. Erst nach diesem Art Vorschuljahr spricht man von „Year 1", also der ersten Klasse. Nach sechs Jahren Grundschule wechseln die Kinder in die Secondary School oder High School, die sie bis zur zehnten oder idealerweise 12. Klasse besuchen. Wer die Hochschulreife in der 12. Klasse erreicht, kann auch studieren, je nach seinem Notendurchschnitt natürlich. Eine Alternative zur Universität ist das TAFE College (Technical and Further Education), eine Mischung aus Berufsschule und Volkshochschule.

Privatschulen versus öffentliche Schulen

Mit der Schulzeit startet auch das Dilemma, eine Entscheidung zwischen öffentlicher Schule (public school) und Privatschule (private school) zu treffen. Privatschulen haben ähnlich wie in Großbritannien einen hohen Stellenwert in der Gesellschaft. Australier halten es für selbstverständlich, viel Geld in die Ausbildung ihrer Kinder zu investieren. Vor allem in Melbourne und Sydney gehört es zum „guten Ton", eine der teuren Privatschulen zu besuchen, die teilweise bis zu 20 000 $ im Jahr kosten können. Neben dem Schulgeld müssen zum Beispiel auch Schuluniform, Bücher und Ausflüge bezahlt werden. Wie wichtig der Besuch so einer Privatschule ist, darüber scheiden sich die Geister. Der Lehrplan ist vorgegeben, egal ob private oder öffentliche Schule. Doch haben erstere natürlich mehr Geld für Schulausstattung, können kleinere Klassenstärken anbieten, die besten Lehrer anwerben ... Die öffentlichen Schulen schneiden in den Abschlussnoten deswegen aber nicht unbedingt schlechter ab. Viele Australier gehen den Mittelweg und lassen die Kinder die ersten Jahre auf der öffentlichen Schule und investieren erst in den Abschlussjahren in eine Privatschule. Eine weitere Alternative bieten eng an eine Konfession gebundene Schulen. Diese Privatschulen, z.B. die der katholischen Kirche, genießen einen guten Ruf, kosten aber nur einen Bruchteil der unabhängigen Privatschulen. Die Wartelisten mancher Privatschulen sind ellenlang, so dass viele Eltern ihr Kind bereits kurz nach der Geburt anmelden, so seltsam das auch klingen mag. Privatschulen sind übrigens meist reine Mädchen- oder Jungenschulen.

Öffentliche Schulen sind für australische Bürger oder „Permanent Residents" kostenlos, doch sind Bücher und Schuluniformen trotzdem zu bezahlen. Wer sich allerdings als temporärer Resident bzw. Expat in Australien aufhält, der muss auch für öffentliche Schulen Schulgeld zahlen.

Besonders begabten Schülern werden sogenannte Selective Schools geboten, die vom Staat gefördert werden.

Das Schuljahr fängt in Australien im Januar bzw. Februar (die großen Ferien gehen bis Ende Januar) an. Es besteht aus vier Terms und endet kurz vor Weihnachten.

Studium und Berufsausbildung in Australien

Wer nach der Hochschulreife die Universität besuchen möchte, muss tief in die Tasche greifen. Australiens Institute haben zwar einen erfreulich guten Ruf, doch belaufen sich die Kurse teilweise auf mehrere tausend Dollar pro Jahr. Ein normaler Abschluss dauert drei Jahre, doch es gibt viele weiterführende Angebote und Abschlüsse, (s. Kapitel „Auswandern auf Zeit")

Vergleichbar mit unserem Bafög ist das Higher Education Contribution Scheme (HECS), das Studenten ermöglicht, die Studiengebühren abzubezahlen, sobald sie nach der Universität eine Arbeitsstelle gefunden haben. Kindern aus ärmeren Verhältnissen werden besondere Förderungen angeboten

Schule in Australien – Studium in Europa

Deutschsprachige Schüler, die später in Europa und nicht in Australien studieren wollen, müssen bestimmte Fächerkombinationen wählen, damit der australische Abschluss zum Beispiel von einer deutschen Universität anerkannt wird. Diese Fächer sind Englisch, Mathematik (mindestens zwei Units), eine Naturwissenschaft und eine zweite Fremdsprache. Deutsch (für Deutsche) gilt dabei nicht als Fremdsprache. Deutsch zu wählen, ist nicht unbedingt notwendig, aber viele wählen es natürlich, um eine gute Abschlussnote zu erzielen. Empfehlenswert ist es, beim Kultusministerium des jeweiligen europäischen Landes vorab anzufragen, falls der Wunsch nach einem Auslandsstudium besteht.

Englisch als „zweite Muttersprache"

Wer mit größeren Kindern einreist, wird feststellen, dass sie unglaublich schnell Englisch lernen, wobei die meisten im Multi-Kulti Land Australien auch rasch Anschluss finden. In den Schulen finden sich deswegen zum Beispiel Englischlehrer, die nur ESL – Kurse (English as a second language) anbieten und Kinder mit einer anderen Muttersprache besonders fördern.

Aktualisierungen zum Buch
www.down-under-org

Deutsche Auslandsschulen

In Sydney und auch in Melbourne bestehen deutsche Auslandsschulen, die unter anderem gut sind für Familien, die nach ein paar Jahren wieder zurückkehren und ihre Kinder im deutschen Schulsystem belassen wollen.

Die German International School Sydney zum Beispiel ist gegliedert in Vorschule, Klassen 1 – 4 der Grundschule, Sekundarstufe I mit den Klassen 5 – 10, Sekundarstufe II mit den Klassen 11 und 12. Abschluss ist das Internationale Baccalaureate, eine international anerkannte Studienzugangsberechtigung.

German International School Sydney
info@germanschoolsydney.com
www.germanschoolsydney.com

Die Deutsche Schule Melbourne hat die Vision „Leben und Lernen in zwei Kulturen". Sie steht deutsch- wie auch englischsprachigen Schülern offen. Der Unterricht findet zweisprachig statt, wobei die Anfangsjahre der Grundschule zu 80–90 Prozent auf Deutsch gestaltet werden. Der Anteil englischsprachiger Klassen steigt dann Jahr für Jahr an. Die Schule startet 2008 zunächst mit dem Kindergartenjahr/Vorschuljahr und der ersten und zweiten Klasse. Danach soll pro Jahr eine neue Klasse dazu kommen. Der Lehrplan wird deutschen und australischen Normen entsprechen und letztlich bis zum International Baccalaureate führen.

Deutsche Schule Melbourne
info@dsm.org.au
www.dsm.org.au

Wer sein Kind nicht auf eine deutsche Auslandsschule schicken, ihm aber trotzdem deutsche Kultur, Lesen, Schreiben etc. vermitteln möchte, der findet in den großen Städten auch Samstagsschulen und private Initiativen für den Deutschunterricht. Kontakte und Angebote z.B. über *www.infobahnaustralia .com.au*, die jeweiligen Konsulate oder die Goethe-Institute.

In Melbourne gibt es zudem eine deutsche Grundschulausbildung.

Die Spatzenschule will Kinder von 4 bis 11 Jahren mit Vorkenntnissen in der deutschen Sprache in Lesen, Schreiben und mündlichem Ausdruck unterrichten. Das Angebot ist in die Toorak Primary School eingegliedert.

Spatzenschule Melbourne
Kontakt@spatzenschule.org.au
www.spatzenschule.org.au

EXKURS

NATHALIE SIMONS UND FRANK THEILEN WANDERTEN GLEICH ZWEIMAL AUS

Auswanderer Story: Doppelt hält besser

Nach drei Monaten Traumurlaub in Australien hatten Nathalie Simons und Frank Theilen die Nase voll vom grauen, wolkenverhangenen Deutschland. Sie wanderten kurzerhand aus – nach Perth in Westaustralien. Nathalie hochschwanger und Frank ohne Job. Da kam so manches anders als erhofft ....

„Australien war für uns ein fernes Land, ein Abenteuerland, wo die Leute Englisch sprechen und es Kängurus und Koalas gibt," erinnert sich Frank an den Urlaub 1997. Doch nach drei Monaten waren die beiden fasziniert und wieder zu Hause im kalten Deutschland angekommen, ließ sie der Gedanke an Australien nicht mehr los. „Nach einem halben Jahr daheim beschlossen wir, den Visumsantrag einzureichen." Das dauerte dann jedoch erst mal und nach eineinhalb Jahren folgte zunächst eine Absage. „Fünf Punkte fehlten uns zu unserem Traum. Wir dachten: dann ist jetzt die richtige Zeit, um ein Kind zu kriegen." Nathalie wurde schwanger und wenig später kam ein neuer Brief. Das Punktesystem war verändert worden und die beiden waren akzeptiert.

„Allerdings mussten wir bis Dezember 1999 einwandern und das war genau Lisas Geburtstermin," sagt Nathalie. In der 28. Schwangerschaftswoche flogen sie dann schließlich los, ins weitgehend unbekannte Land, ohne Job und mit nur zwei Rucksäcken. Alle ihre Habseligkeiten und vor allem die Babyerstausstattung hatten sie per Container verschifft – der sollte sechs Wochen später ankommen.

„Wir wollten erst mal nach Perth, weil dort mein bester Freund wohnte und wir drei Wochen bei ihm wohnen konnten," sagt Nathalie. Doch die Haus- und Jobsuche war damals in Westaustralien nicht so einfach wie gedacht, die Freunde weniger hilfsbereit als zunächst erwartet. „Dann wurde Frank krank und musste operiert werden, und Lisa kam zur Welt. Im heißesten Dezember seit sieben Jahren."

Die gesamte Zeit lebten sie von Ersparnissen, fast 15000 Euro kosteten Container, Flüge und die ersten Monate. Es war eine Zeit des Auf und Abs. Sie liebten das Land und die Leute, vor allem Fremantle, den kleinen Vorort von Perth, wo sie ihr neues Zuhause gefunden hatten. Doch ohne Familie und Freunde und ohne soziale Sicherheit waren sie bald am Rande ihrer Kräfte. „Nach etwas mehr als einem Jahr ging uns auch einfach das Geld aus," sagt Frank, „wir mussten aufgeben und wieder nach Hause zurück."

Australien ist das Traumland der Familie

Zu Hause in Hannover war die Freude überschwenglich. Familie, Freunde, alle waren am Flughafen, hatten warme Winterklamotten für Nathalie, Frank und vor allem Lisa dabei, die nie zuvor in ihrem Leben Schuhe getragen hatte. Frank fand einen Job als Computerfachmann bei einer Behörde, Nathalie wurde mit Philippe schwanger. Sie zogen in eine 120 Quadratmeter Traumwohnung und alles hätte perfekt sein können. Doch weder Nathalie noch Lisa waren zurück in Deutschland glücklich.

„Lisa bekam Durchfall und hörte sogar wieder auf zu laufen. Und ich saß morgens um 6 Uhr in einer kalten und dunklen Wohnung und wusste nichts mit mir und den Kindern anzufangen. Kein Spielplatz oder Strand in der Nähe, stattdessen nur kaltes und regnerisches Wetter. Da bekam ich Heimweh nach Australien," erzählt Nathalie. „Eines Morgens, es war der 24. November 2003 – das weiss ich noch wie gestern – fragte ich Lisa, ob sie wieder nach Australien wolle. Sie sagte ja. Ich rief Frank im Büro an und sagte: wir fahren wieder zurück, Lisa will auch." Und auch Frank wollte. Er sah seine Behördenstelle auf Lebenszeit ohnehin mehr als Sackgasse an und dann war da noch sein Traum. „Ich will den Himmel sehen, keine Hochhäuser oder graue Regenwolken."

Den zweiten Auswanderversuch planten sie besser als den ersten. „Wir brachen unsere Zelte wirklich ab." Sie kündigten Versicherungen und verkauften oder verschenkten ihre Möbel. „Mit jedem Stück, das wir weggaben, fühlte ich mich leichter und freier," meint Nathalie. Ohne viel Ballast, nur mit ein bisschen Kleidung, Spielzeug und alten Fotos brachen sie wenig später auf. Viele Freunde und Verwandte reagierten mit Unverständnis, fanden den Schritt leichtsinnig und unvorsichtig. Andere bewunderten den Mut der Familie, denn die Sicherheit fehlte auch dieses Mal. Frank hatte wieder keinen Job, auch wenn er sich besser qualifiziert fühlte, und an der Ostküste, dem neuen Ziel der Familie, kannten sie niemanden. Sie starteten in Byron Bay im Norden von New South Wales. Frank versandte 70 Bewerbungen, hatte zehn Bewerbungsgespräche. Schließlich sagte ein Arbeitgeber in Sydney zu, so dass sie Hals über Kopf in die Millionenmetropole zogen.

„Ich fühlte mich am Anfang in Sydney wie ein kleines Kind, so viele Menschen, Autos, Hochhäuser. Die Leute waren auch nicht so freundlich wie im Rest Australiens und gleich zu Anfang hatte ich einen Riesenstreit mit unserem Wohnungsmakler," erinnert sich Nathalie. Doch die Kinder lebten sich sofort ein, Franks Job entwickelte sich gut und die Familie fand ein gemütliches Dreizimmerhäuschen mit Garten.

„Auch wenn Sydney eine Großstadt ist, selbst hier konnte man noch mehr Himmel sehen als in Hannover," strahlt Frank. Und auch Nathalie fühlte sich nach den Anfangshürden wohl. Doch Fremantle und Westaustralien, wo sie ganz am Anfang waren, ging den beiden nicht aus dem Kopf. Als Frank schließlich Ende 2006 eine Stelle in Perth fand, wo inzwischen in vielen Bereichen Arbeitskräfte verzweifelt gesucht wurden (und auch immer noch werden), packen sie deshalb nochmals die Koffer. Seitdem schicken sie regelmäßige Emails, die von Wochenendausflügen zum Strand oder nach Rottnest Island berichten, vom Schwimmen, Schnorcheln und Radfahren. Und man glaubt es ihnen gerne, wenn sie sagen: „Aus Australien bringt uns keiner mehr weg."

Gefahren des Fünften Kontinents

Im Norden Queenslands lauern viele Gefahren

Im Prinzip ist Australien kein gefährliches Land. Nicht an jeder Ecke lauern Giftschlangen, -spinnen, Quallen, Krokodile oder Haie. Trotzdem gelten andere Vorsichtsmaßnahmen als in Europa. Dies liegt zum einen natürlich daran, dass diese giftigen oder gefährlichen Tiere tatsächlich existieren, auch wenn Unfälle mit ihnen im Vergleich zu Verkehrsunfällen zum Beispiel selten sind.

Sonne, Buschfeuer und Meeresströmungen

Zum anderen schlummern Gefahren in Themen, an die Europäer vielleicht gar nicht denken würden, u.a. Sonne und Hitze im Sommer. Hier gilt: immer einen Hut und Sonnencreme tragen und genügend Wasser mitzuführen! Wer im Sommer wandern geht, der muss die Tafeln zum Thema Buschfeuergefahr gut im Auge behalten. Denn bei den oft extremen Temperaturen kann ein Feuer schnell ausbrechen und sich vor allem rasant ausbreiten, da die Eukalyptusbäume beinahe so schnell wie Fackeln zu lohdern beginnen.

Ein weiteres Thema ist das Schwimmen im Meer. Vielerorts herrschen starke Strömungen, die den Schwimmer ins offene Meer hinausziehen und vom Strand aus nicht erkennbar sind. Deshalb darf man nur an überwachten Stränden schwimmen und dort zwischen den Flaggen bzw. in den wunderschönen und kostenlosen Meerwasser-Swimmingpools.

Fahrten im Outback

Ebenso ungewohnt für Europäer sind die Entfernungen und die Einsamkeit des Outbacks. Hier sind einige grundlegende Vorsichtsmaßnahmen zu beachten: bei Pannen oder Unfällen im Outback nie das Auto verlassen, nie auf gut Glück losmarschieren und Hilfe suchen, die eventuell hunderte Kilometer weit entfernt liegt. Immer eher im Schutz des Autos, bei Wasser- und

Essensvorräten verharren. Auf normalen Routen werden über kurz oder lang Autos vorbei kommen. Ist die Route arg einsam, dann immer andere Menschen am Abfahrts- und Ankunftsort über Reisepläne informieren. Grundsätzlich sind bei Fahrten im Outback immer deutlich mehr Wasser, Benzin und Essensvorräte mitzuführen, so dass man mehr als die geplanten Reisetage überstehen könnte.

Doch zurück zu dem giftigen Getier, das hier tatsächlich häufiger und zudem giftiger vorkommt als auf jedem anderen Kontinent. Mehr als 50 giftige Land- und Seeschlangen, 22 Spinnenarten, die Blauringkrake, Kegelschnecken (schöne Muscheln in Queensland, die zum Sammeln verführen), sieben Quallenarten sowie etliche giftige Fische (z. B. Steinfisch), Skorpione und Insekten (z.B. Bull Ants, Tausendfüßler, Zecken ...) machen Australien zu einem Kontinent der Giftmischer. Selbst das so süße Schnabeltier hat noch einen giftigen Stachel – allerdings nur das Männchen.

Giftspinnen

Nur wenige Menschen werden mit einem Blue Ring Octopus (Blauringkrake) oder einem Steinfisch zusammenstoßen, was einem aber alltäglich begegnen kann, sind

Die harmlose Huntsman Spider

Giftspinnen. Fast alle, die hoch über einem – in den zahlreichen Netzen zwischen den Bäumen – hängen, sind harmlos. Das sind die sogenannten „Orb Weavers". Auch die handtellergroßen Huntsman Spinnen sehen nur gruselig aus. Wirklich gefährlich sind einige am Boden lebende Spinnen: allen voran die Funnelweb Spider oder Trichternetzspinne oder die Redback bzw. Rotrückenspinne. Ähnlich giftig sind Mouse Spider, Wolf Spider oder White Tailed Spider zum Beispiel. Die Funnelweb Spider ist die todbringendste Spinne der Welt. Besonders gefährlich ist das Männchen. Es wird 25–30 Millimeter groß, ist glänzend schwarz, und wenn es sich angegriffen fühlt, hochaggressiv. Die Spinne ist nachtaktiv, lebt am Boden und wandert vor allem nach Regen gerne umher.

Die gefährlichste Art kommt in Sydney und Umgebung vor. Bisse sind selten und passieren meist, wenn Leute Schuhe oder Kleidungsstücke im Freien liegenlassen und anziehen, ohne sie vorher auszuschütteln, beim Reinigen von Poolfiltern oder bei Gartenarbeiten ohne Handschuhe. Abgesehen von einem starken Schmerz verrät sich der Biss der Spinne dadurch, dass sich die Haare am Arm aufstellen, die Gesichts- und Zungenmuskeln zu zucken, die Augen zu tränen beginnen, der Speichelfluss unkontrolliert wird und sich Schleim in der Lunge ansammelt. Als erste Hilfe wird die Pressure-Immobilisation-Methode empfohlen, die auch beim Biss einer Giftschlange gilt.

Wichtig bei dieser Methode ist es, das Opfer ruhig zu stellen (so schwierig das auch sein wird), den Notarzt anzurufen und dann eine feste Bandage anzulegen (Nicht abbinden!). Bandagiert wird mit einer elastischen Binde vom Biss bis zum Anfang des Gliedmaßes, also zum Beispiel bei einem Biss in die Hand den Arm hoch bis zur Schulter bandagieren. Ein fester Stock kann mit eingewickelt werden, um das Gliedmaß ruhig zu stellen und das Wandern des Giftes im Körper zu verzögern oder sogar zu unterbinden.

Diese Methode kann bei den meisten Stichen oder Bissen von Gifttieren angewendet werden, allerdings nicht beim Biss der Redback- oder Rotrückenspinne (einem häufigen Gast in australischen Gärten, Garagen, Schuppen etc.). Hier verstärkt sich der Schmerz dadurch sogar. Am besten ist es, die Wunde mit Eis zu kühlen und den Patienten ins Krankenhaus zu bringen.

In den meisten Fällen sind heute Gegengifte schnell verfügbar, trotzdem sind die Nachwirkungen eines solchen Vorfalles noch lange spürbar. Das Opfer einer Trichternetzspinne berichtete zum Beispiel noch nach Jahren von einer außergewöhnlichen Muskelschwäche in der Hand, in die sie gebissen wurde.

Giftschlangen

Was Schlangen betrifft, so ist Australien Heimat der giftigsten Schlangen weltweit. Schlangenbisse können zu jeder Jahreszeit auftreten, doch in den wärmeren Monaten ist die Gefahr wesentlich höher. Und auch wenn auf dem Land deutlich mehr Schlangen als in der Stadt umherkrauchen, so dürfen sich Stadtbewohner keinesfalls zu sicher fühlen. In Adelaide zum Beispiel werden jedes Jahr etliche giftiger Schlangen aus Häusern geholt.

Besonders bei Buschwanderungen sollte man sich gut schützen. Feste Schuhe und dicke, lange Hosen reichen im Normalfall aus, um einen

Der Taipan ist die giftigste Schlange der Welt

Schlangenbiss abwehren zu können. Außerdem gilt es kräftig aufzutreten. Schlangen können zwar nicht hören, aber sie spüren die Erschütterung im Boden. Und immer auf einen im Weg liegenden Baumstumpf treten und nie darüber hinweg. Dahinter könnte eine Schlange in der Sonne liegen. Hohes Gras gilt es zu meiden. Sieht man tatsächlich eine Schlange, ist es am besten, das Tier in Ruhe zu lassen und es weder attackieren, verscheuchen noch einfangen zu wollen.

Giftige Quallen

Nicht zu unterschätzen sind die australischen Quallen. Die Seewespe oder der Box Jelly Fish ist einer der tödlichsten Meeresbewohner weltweit. Das Tier hat einen großen, durchsichtigen Körper, wie eine Glocke geformt, der durchaus so groß wie ein Eimer werden kann. Die Seewespe lebt in den flachen Küstengewässern und Flussmündungen Nordaustraliens. Ihr Gebiet erstreckt sich in etwa von der Küste Queenslands über die Nordspitze des Northern Territories bis nach Westaustralien. Am häufigsten tritt sie in den Sommermonaten November bis Mitte März auf.

Ist das Wasser klar, erkennt man das Tier als Schwimmer normalerweise. Doch zum Beispiel vom Boot aus ins Wasser zu springen, kann lebensgefährlich sein. Vor allem nach Regenschauern, die das Wasser trüben, ist es beinahe unmöglich, die durchsichtigen Tiere zu erkennen. Das Gift ist so stark, dass ein sofortiger, intensiver Schmerz auftritt, nach Aussagen Betroffener vergleichbar mit dem Aufdrücken einer brennenden Zigarette auf die Haut. Dort wo die Tentakel die Haut berührt haben, erscheinen dünne, lange rotbraune Linien, die einem Peitschenschlag gleichen und dauerhafte Narben zurücklassen. Das Gift kann Herz- und Kreislaufversagen auslösen und eine Lähmung der Atemwegsorgane (Schluck- und Sprechschwierigkeiten folgen ebenfalls).

Ohne sofortige Behandlung kann das Opfer innerhalb weniger Minuten sterben. Seit 1970 ist ein Gegengift verfügbar, das aber relativ schnell gegeben werden muss, um helfen zu können. Wiederbeatmung kann notwendig sein, um das Opfer bis zum Eintreffen medizinischer Hilfe am Leben zu halten. Ein Druckverband (falls Gegengift nicht sofort verfügbar ist und falls ein Glied betroffen ist) sowie normaler Haushaltsessig auf die betroffenen Hautstellen, der verhindert, dass noch mehr Gift in die Haut eintritt, gehören zu den ersten Hilfemaßnahmen.

Erst vor einigen Jahrzehnten haben Wissenschaftler die winzige Irukandji-Qualle entdeckt, die zwar nur etwa zwei Zentimeter groß, dafür aber höchst gefährlich ist. Sie wird für ein ungewöhnliches und äußerst gefährliches Syndrom verantwortlich gemacht, das bei einigen Menschen bereits zum Tod geführt hat. Zunächst ist – anders als beim Box Jelly Fish – ein Stich nicht schmerzhaft, aber eine halbe bis dreiviertel Stunde später treten plötzlich starke Rücken- und Kopfschmerzen, stechende Schmerzen in Muskeln, Brust und Unterleib, Übelkeit, Erbrechen und Angstzustände auf. Das Tier findet sich in eher tieferen Gewässern im Norden von Australien, und Taucher und Schnorchler sind deshalb besonders gefährdet. Wichtig ist es, den Patienten bei einem Unfall mit der Qualle zu beruhigen und ins Krankenhaus zu bringen. Essig auf die Wunde zu geben, wird nicht empfohlen.

Blue Bottles oder Portuguese Man of War sind häufige, wenn auch unerwünschte Strandbesucher in den australischen Sommermonaten. Die Quallen sind eigentlich eine kleine Kolonie an Meeresbewohnern und nicht ein einzelnes Tier.

Sie können bis zu 15 Zentimeter groß werden – mit Tentakeln bis zu zehn Metern. Manchmal sind in Sydney ganze Strände voll von den bläulichen Tuben, und Strandbesucher müssen äußerste Vorsicht walten lassen, denn der Stich der Qualle ist noch schmerzhaft, selbst wenn sie schon tot ist. Meist tritt ein langer roter Strich auf der Haut auf. Erste Hilfemaßnahmen sind das Entfernen der Tentakel mit Handschuhen und das Auflegen von Eispackungen. Alkohol wird nicht empfohlen, da er den Schmerz noch verstärkt.

Eingeschleppte Gifttiere

Neben den einheimischen Gifttieren, hat sich Australien zwei unangenehme, ebenfalls giftige Plagen für Menschen, Tiere und Pflanzen eingeschleppt. Die sogenannten. Agakröten oder Cane Toads waren 1935 aus Hawai importiert worden, um den Zuckerrohrkäfer zu bekämpfen. Dieses Vorhaben schlug komplett fehl, und die Kröte breitete sich unkontrolliert aus. Ihre Giftdrüsen am Kopf sondern ein Gift ab, das den Blutdruck erhöht und Halluzinationen auslöst. Immer wieder gibt es „Spinner", die an den Kröten lecken, um ein berauschendes Gefühl hervorzurufen und schließlich mit einer Vergiftung im Krankenhaus landen. Besonders Haustiere sind von den Kröten gefährdet, aber auch einheimische Schlangen, Vögel und sogar Krokodile sterben, wenn sie eine der Kröten fressen. Die Kröten tötet man auf „humane" Art und Weise, indem man ihre Körpertemperatur verringert, das heißt, sie in einer Plastiktüte in den Kühlschrank legt.

Feuerameisen haben sich über ein Schiff aus Amerika auf den australischen Kontinent eingeschlichen und richten seitdem unermesslichen Schaden an Fauna und Flora an. In rasender Geschwindigkeit haben sich die Ameisen in Brisbane ausgebreitet – doch ein wahrer Generalstabsplan greift nun und rottet die Feuerameisen langsam wieder aus. Der Stich der Feuerameise ist ebenso wie der der einheimischen Bull Ant (Buldoggenameise) giftig, und der Schmerz entspricht in etwa dem eines Wespenstiches. Beschwerden wie juckende Ausschläge, Brustschmerzen, Übelkeit, starkes Schwitzen, Atemnot, Schwäche oder Ohnmacht können folgen. Eine allergische Reaktion kann in manchen Fällen sogar zum Tod führen.

Krokodile und Haie

Baden im Norden Australiens ist nicht nur wegen der erwähnten Quallen, sondern auch wegen der

Scharfe Zähne eines Salzwasserkrokodils, Foto Credit Australian Reptile Park

gefährlichen Salzwasserkrokodile nicht ratsam. Diese können im offenen Meer, in Flüssen und Wasserstellen vorkommen. Sie sind Meister der Tarnung und im Wasser wie an Land deutlich schneller in ihrer Reaktion als man vermuten könnte. Krokodile ertränken ihre Opfer mit der sogenannten „Todesrolle" und die Überlebenschancen bei einem Angriff sind gering!

An allen Küsten Australiens muss man sich zudem vor Haien in Acht nehmen. Haiangriffe sind selten, kommen aber jedes Jahr vor. Besonders gefährlich scheint es zu sein, in der Dämmerung zu schwimmen, in trüben Hafengewässern und in Flussmündungen.

Diese noch lange nicht vollständige Liste an gefährlichen Tieren soll aber niemanden von Australien abschrecken, denn die Gefahren lauern – wie bereits zu Anfang erwähnt – wirklich nicht an jeder Ecke und normale Achtsamkeit und einige Grundregeln (Vorsicht beim Schwimmen, keine Kleidung draußen liegen lassen, nicht ohne Handschuhe zwischen Blättern oder in der Erde graben ...) sollten einen umsichtigen Besucher oder Neuankömmling durchaus auch auf dem giftigsten Kontinent der Erde am Leben halten.

Die Notrufnummer in Australien ist 000. (Polizei, Ambulanz und Feuerwehr)

Freizeittipps Down Under

Adelaide in Südaustralien steht für exzellenten Wein und gutes Essen, Foto Credit Tourism Australia

Australiens Naturschönheiten

Australiens unbestreitbarer Wow-Faktor ist seine Natur. Jahr um Jahr wird das Land beim Anholt Nations Brand Index zum „country richest in natural beauty" („das Land mit den meisten Naturschönheiten") gewählt. Für den Anholt NBI werden rund 25 000 Menschen in über 35 Ländern weltweit befragt. Dicht hinter Australien folgt übrigens Neuseeland.

Von üppigen Regenwäldern im Norden des Landes, kargen Outbacklandschaften im Zentrum, Traumstränden und turmhohen Klippen an den Küsten bis hin zu riesigen Nationalparks mit duftenden Eukalyptuswäldern hat das Land eine Vielfalt zu bieten wie kaum ein anderes der Erde. Und natürlich tun auch die knuddeligen Koalas, Kängurus, Wombats, Schnabeltiere, Dingos etc. das ihrige dazu. Australien ist aber auch ein Land, das immer noch überrascht. Hier ist bei weitem noch nicht alles entdeckt und erforscht. Nicht umsonst wurden erst vor wenigen Jahren Exemplare der Wollemi Pine in einem einsamen Nationalpark entdeckt. Diese „Dinosaurier"-Pflanze hatte man bereits für ausgestorben erklärt. Wer weiß, was man im weiten, unzugänglichen Terrain des Landes in den kommenden Jahren noch alles finden wird ...

Natur- und Tierliebhaber kommen in Australien also voll auf ihre Kosten. Auch für Wander- und Campingfans, Golfer, Wassersportler oder Geländewagenfahrer ist es ein wahres El Dorado. Von den meisten großen Städten aus ist es einfach, nette Wochenendausflüge zu machen. In Perth zieht es Weinliebhaber in die Margaret River-Region oder Tagesausflügler nach Rottnest Island. Wer in Adelaide lebt, kann einfach ein paar Tage die Flinders Ranges oder das Barossa Valley besuchen. Melbournier zieht es zum Beispiel zur Mornington Peninsula, an die Great Ocean Road oder in die Grampians. Sydneysider haben die Blue Mountains, das Hunter Valley oder die Southern Highlands vor der Tür, und von Brisbane aus ist es ein Katzensprung bis an die Gold Coast im Süden oder die Sunshine Coast im Norden.

Kultureller Nachholbedarf

Kulturell ist Australien unbestreitbar hinter Europa zurück. Abgesehen von der Kunst der Aborigines fehlt dem Land rein kulturhistorisch die Tiefe, und es hat in den vergangenen 200 Jahren auch durch seine Abgeschnittenheit nicht unbedingt aufholen können. Zudem ist die Kulturförderung und das Kultursponsorship bei weitem nicht wie in europäischen Ländern ausgeprägt. Trotzdem gibt es auch in Australien einige kulturelle Höhepunkte wie natürlich das Opernhaus in Sydney, die Sydney Dance Company oder die Symphonieorchester Melbournes, Sydneys und Tasmaniens. Hervorragend gemacht sind die Museen Australiens; auch die etlichen kulturellen Festivals lohnen einen Besuch. Australien ist zudem ein begehrter Produktionsort für Hollywood-Spielfilme, und auch die zeitgenössische australische Musik feiert über die Grenzen des Landes hinaus Erfolge.

Doch gerade beim Theater oder auch in der Malerei ist es schwierig für innovative Künstler, einen Fuß auf den australischen Boden zu bekommen. Dies mag auch an dem sogenannten „Tall Poppy"-Syndrom liegen, an dem das Land ohne Frage leidet. Dieses Syndrom, das auch immer wieder öffentlich in den australischen Tageszeitungen diskutiert wird, erlaubt keine „herausragenden Talente", die über die Massen hinausragen würden, etwas wirklich Neues oder gar Revolutionäres machen.

Deutsche Kultur, Treffpunkte und Medien

Einige deutschsprachige Künstler, Galeristen, Bühnenbildner, Regisseure, Sänger und Schriftsteller haben sich in Australien niedergelassen und versuchen, europäische und australische Einflüsse zu verbinden und weiterzuentwickeln. Außerdem fördern zwei Goethe-Institute in Sydney und in Melbourne europäische und vor allem deutsche Kultur und Sprache in Australien, s. *www.goethe.de/australien*.

Auf die deutsche Sprache braucht man in Australien ohnehin nicht verzichten, denn die deutschsprachige Gemeinde ist relativ groß. Es gibt in fast allen Städten deutschsprachige Stammtische (z.B. Deutschgruppe Brisbane, Yogis Sydney, Treffpunkt Sydney, Fischköpfe Perth oder Stammtisch Melbourne) oder sogar deutsche, österreichische und Schweizer Clubs. Kontakte zu diesen Treffen und Clubs u.a. bei www.infobahnaustralia.com.au.

Daneben existieren noch weitere deutschsprachige Medien: so sendet der internationale Fernsehsender SBS deutschsprachige Filme wie „Kommissar Rex" und morgens zwischen 8 und 8:30 Uhr deutsche Nachrichten über die Deutsche Welle in Berlin. Auch das Radioprogramm von SBS hat ein deutschsprachiges Angebot und fast jede Stadt hat zudem Community Radioprogramme in deutscher Sprache (z. B. der Brezelfunk in Canberra, der Heimatfunk in Melbourne oder die Deutsche Stimme in Adelaide). Printmedien in deutscher Sprache kann man ebenfalls kaufen. So führen große Zeitungskioske oder Newsagents teils deutsche Tageszeitungen oder Magazine (allerdings etwas „veraltet" durch den langen Transport); in Sydney erscheint die deutsche Wochenzeitung „Die Woche" und in Perth ein kostenloses Faltblatt mit dem Namen „Treffpunkt WA". Wer weiter Radiosender aus Europa hören möchte, kann sich über die folgende Internetseite über die Online-Angebote informieren: *www.radioweb.de/livesender.html*.

Auch das Fernsehprogramm aus Europa zu sehen, ist inzwischen möglich. Ein interessantes Angebot ist die Slingbox, *www.slingmedia.com*, mit der man die Lieblingsprogramme in Europa auf Festplatte aufzeichnen kann und in Australien dann über das Internet anschauen kann. Theoretisch. Denn hierzu muss man natürlich noch eine Anlaufstelle in Europa haben, um das Gerät auch aufstellen zu können, und Deutschland, Österreich und die Schweiz sind bisher auch noch nicht offizieller Markt der kleinen kanadischen Firma Slingmedia. Trotzdem ein Thema, das man im Auge behalten sollte ... Einige der deutschen Fernsehsender bieten ihre Nachrichtensendungen oder bestimmte Sendungen auch im Internet an, teilweise als Video on Demand, teilweise kostenlos und teilweise gegen Gebühr.

Siehe zum Beispiel:
www.daserste.de
www.zdf.de
www.orf.at/tv
www.sf.tv
www.rtl.de/videohome.php
www.maxdome.de
http://onlineglotze.tv/

Australische Medien

Das australische Zeitungs- und Zeitschriftenangebot ist sehr vielschichtig. So werden zum Beispiel rund 500 Zeitungen und 1500 Zeitschriften Down Under verlegt. Der Fokus liegt dabei weniger auf politischen und wirtschaftlichen Magazinen, als vielmehr auf Sport-, Frauen- und Wohnzeitschriften. Auch das Radioangebot ist enorm für nur 20 Millionen Hörer. Es gibt weit über 500 öffentliche und kommerzielle Radiostationen sowie die erwähnten Community Radios.

Dafür ist das Fernsehprogramm deutlich eingeschränkter, es sei denn man nimmt das nicht ganz billige Pay TV in Anspruch (z.B. Foxtel). Australien hat nur zwei staatliche und drei private Sender, die australienweit senden und kostenlos zugänglich sind. Die staatlichen Sender sind die Australian Broadcasting Corporation (ABC) und der bereits erwähnte Special Broadcasting Service (SBS). Während die ABC versucht, eine große Bandbreite an Themen und Stimmungen abzudecken, gilt SBS als der internationale Multi-Kulti Sender. Die drei großen privaten Sender sind Channel 7, 9 und 10. Vor allem, wer das Niveau der europäischen Nachrichtensendungen gewöhnt ist, wird sich in Australien umstellen müssen. Denn außer SBS legen alle anderen Sender sehr viel Wert auf nationale Meldungen und Sport. Wichtige internationale und auch politische Meldungen treten dabei eher in den Hintergrund.

Sport in Australien

Sportmeldungen spiegeln den hohen Stellenwert des Sports in der australischen Gesellschaft wider. Australische Schulkinder haben meist samstagvormittags eine

Wassersport ist in Australien beliebt

Sportveranstaltung auf dem Programm stehen. Rugby, Cricket, Football (Australian rules), Schwimmen, Tennis, Leichtathletik, Rudern, Segeln, Surfen, Netball oder Beach Volleyball zählen zu den beliebtesten Sportarten. Australiens Sportbegeisterung startete in den ersten Jahren seiner Kolonisation, als Goldgräber Wettrennen veranstalteten, boxten oder Fußball spielten.

Essen und Trinken

Eine weitere Wochenend-Obsession des Australiers ist der Barbecue. Gegrillt wird in Australien einfach überall: auf für europäische Verhältnisse überdimensionalen „Kochstationen" zu Hause oder auf festinstallierten Grills am Strand oder im Nationalpark.

Überhaupt isst und genießt der Australier gerne. Durch das meist schöne Wetter und die meist günstigen Preise gehen viele nicht nur am Wochenende Frühstücken, Brunchen oder Lunchen. Auch abends sind die Restaurants und Kneipen voll, und vielerorts gibt es vorzügliche Speisen und vor allem exzellenten Kaffee (um die Hälfte billiger als in Mitteleuropa) und

Contact us for assessment of your migration options and additional information: PO Box 364 Pacific Fair Gold Coast Queensland 4218 Australia Tel: +61 7 5578 5155 Fax: +61 7 5578 5159 Email: info@activemigration.com	**AUSTRALIA** **CANADA** **NEW ZEALAND** **Permanent Visas** **Temporary Visas** **Work Permits** **Business Visas** **Family Visas** **Student Visas** **Citizenship**
www.ActiveMigration.com	WIR SPRECHEN DEUTSCH!

Rettungsschwimmer arbeiten oft ehrenamtlich

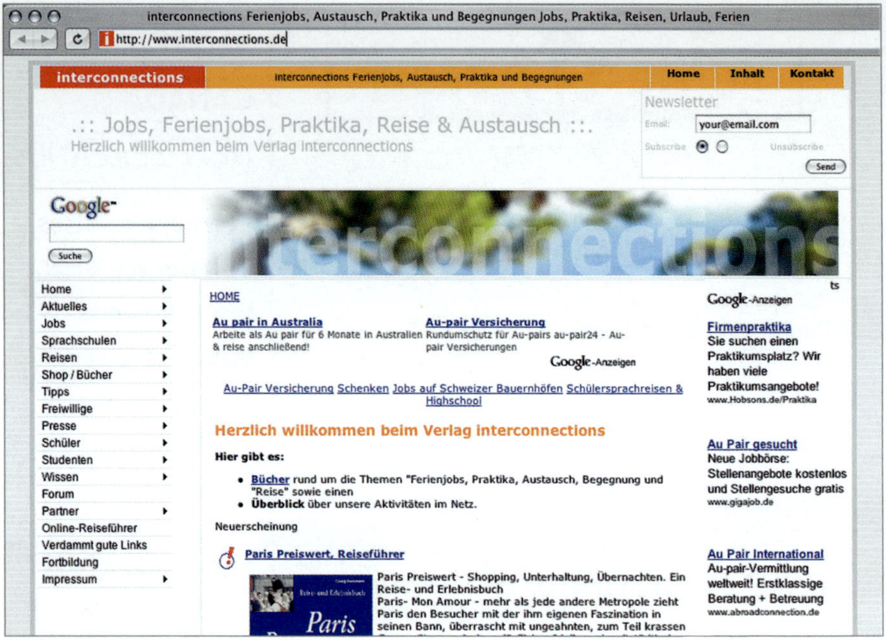

www.interconnections.de – Jobs, Praktika, Austausch und Begegnungen

www.au-pair-box.com – Als Aupair in Australien

Wein. Das Image des faden britischen Essens – mit geschmacklosem Porridge, wässrigen Baked Beans oder undefinierbaren Meat Pies – ist lange schon passé. Letztere Dinge gibt es zwar immer noch in Australien, doch viele haben sie so verfeinert, dass sie fast schon zu einer Delikatesse geworden sind.

Essen im Restaurant ist auch deutlich billiger als in Mitteleuropa. Durch die große Auswahl und den Einfluss von gutem und billigem asiatischen Essen, frischem Seafood und exzellentem Fleisch und Gemüse ist die australische Küche nicht nur erschwinglich, sondern auch innovativ und kreativ. Vielerorts reden die Leute über neue Essenstrends und tauschen Rezepte aus. Kochshows im Fernsehen sind große Hits und berühmte Köche werden wie Schauspielstars behandelt. Essen gehen ist aber nicht nur günstiger, da mehr günstige Restaurants existieren, sondern auch dadurch, dass man nicht „schräg" angesehen wird, wenn man das kostenfreie „Tab Water" (aus dem Hahn) bestellt oder den Wein selbst mitbringt. (BYO, „Bring your own" ist in vielen Lokalen sogar ein Muss, da nicht alle eine Ausschankgenehmigung haben). Bei BYO wird nur eine geringe „Korkengebühr" verlangt.

Vegemite ist nicht jedermanns Sache

Shopping in Australien

So gerne wie gut gegessen wird, wird auch geshoppt. Die boomende Wirtschaft sorgt für ein gesundes Einzelhandelsklima, und Australier geben ihr Geld auch gerne wieder aus. Sie sind risikofreudiger als zum Beispiel Deutsche und auch leichter bereit, Kredite aufzunehmen. In Australien existieren demnach deutlich mehr große Einkaufszentren als in Deutschland. Auf mehreren Ebenen befinden sich hier etliche Geschäfte, Supermärkte, Restaurants, Cafes und Kinos, und viele Australier gehen gerne auf eine Stippvisite ins Shopping Centre.

Bekannteste Namen – Geschäfte, Supermärkte:

- Supermärkte: Woolworth, Coles, Franklins, IGA (teurer, führt aber viele europäische Marken) und Aldi (auch wenn er nicht nur deutsche Produkte hat). Große Supermarktketten haben oft täglich und bis Mitternacht geöffnet. Ein sehr angenehmer Luxus!
- Möbel: Fantastic Furniture, Freedom Furniture und Ikea (hat nicht immer das gleiche große Sortiment wie in Europa) – bei Möbeln lohnt es sich auch, die kleinen Geschäfte zu erkunden. Hier kann man oft sehr schöne asiatische Möbel zu guten Preisen finden.
- Baumärkte: Mitre 10, Bunnings
- Elektrogeräte: Dick Smith, Harvey Norman
- Billiggeschäfte: Kaymart, Big W, Target (führen Kleidung, Haushaltswaren, Kinderwaren, Lebensmittel etc.)
- Teure Kaufhäuser: David Jones, Myers
- Spielsachen: Toys 'R' Us
- Surfmode/junge Mode: Billabong, Quiksilver, Mambo
- Modeketten: Portmans, Jigsaw, Witchery, Sussan, Just Jeans
- Bekannte australische Modedesigner: Collette Dinnigan, Sass & Bide, Alannah Hill, Nicole und Simone Zimmermann (Bademode), Scanlan & Theodore, Akira Isogawa, Lisa Ho, Easton Pearson, Carla Zampatti, Tina Kalivas, Ksubi…

Deutsche, österreichische und Schweizer Waren in Australien

Wer auch fern der Heimat Gelüste nach heimischen Waren verspürt, der wird bei vielem fündig. Deutsche Autos, Elektrogeräte, Haushalts- und Spielwaren werden vielerorts angeboten. In den Supermärkten gibt es Lindtschokolade und teilweise auch Milka, Rittersport und Bahlsen. Manche „Delis" – Delikatessengeschäfte – verkaufen auch deutschen Senf oder Pumpernickel. In den größeren Städten gibt es deutsche, österreichische und Schweizer Bäcker, Metzger und Restaurants. Auch Getränke, vor allem Biere, Wein und Schnäpse sind erhältlich.

Adressen der deutschen Anbieter u.a. bei *www.infobahnaustralia.com.au*.

---

www.interconnections.de
Jobs, Ferienjobs, Praktika, Reise und Austausch …

Auswandern auf Zeit

Auswandern auf Zeit ist heutzutage glücklicherweise kein Problem. Australien bietet Langzeit-Urlaubsvisa (bis zu einem Jahr), Visa für Studenten, Schüler und Praktikanten. Wer Reisen und Arbeiten verbinden möchte und unter 30 Jahre alt ist, der kann dies über ein Working Holiday Visum (nur für deutsche Staatsbürger) machen. Die Möglichkeiten, Down Under und seinen Lebensstil also erstmal „unverbindlich kennenzulernen" und nicht gleich mit Sack und Pack auszuwandern, sind vielfältig. Zugegebenermaßen ist es einfacher für jüngere Menschen, das Auswandern nur mal zu testen. Wer schon eine Familie und gar schulpflichtige Kinder hat, der muss sich den Schritt deutlich besser überlegen. Trotzdem empfiehlt es sich auch für „Späteinwanderer", die neue Heimat vorher genau unter die Lupe zu nehmen, falls man sich solch eine „Probezeit" bzw. einen längeren Urlaub arbeitstechnisch und finanziell leisten kann. Bei einem Urlaubsaufenthalt bieten die australischen Botschaften Visaoptionen für bis zu zwölf Monate. Eine Arbeitserlaubnis ist damit natürlich nicht verbunden.

Im Folgenden einige Möglichkeiten, wie man auf Zeit und damit im Endeffekt vielleicht sogar dauerhaft einwandern kann. Denn aus so manchem längeren Aufenthalt in Australien haben sich schon Sponsorships oder Partnerschaften ergeben, die den Schritt auf den fünften Kontinent plötzlich deutlich einfacher machen.

Schüleraustausch oder Sprachkurs

Ein Schuljahr in Australien zu erleben oder einen Sprachkurs zu belegen, hat in vielerlei Hinsicht Vorteile. Zum einen hilft es einem natürlich, danach hoffentlich fliessend Englisch zu sprechen, zum anderen gewährt das Leben in einer Gastfamilie wertvolle Einblicke in den australischen Alltag.

Wer sich zu einem mehrmonatigen Aufenthalt entschließt, der sollte bedenken:

- dass Australien nicht um die Ecke liegt und man einen teuren und 24-stündigen Flug von Familie und Freunden entfernt ist.
- dass man plötzlich in einer komplett fremden Umgebung und Familie landet.

- dass die Schule, Fächer und Verhaltensweisen komplett anders sind.

Zum Beispiel:
- lernen Schüler Down Under nicht Latein, sondern eher Indonesisch oder Japanisch.
- spielt man im Sportunterricht Rugby oder Cricket.
- tragen alle Kinder in den Privatschulen eine Schuluniform.
- hat man den ganzen Tag Schule (bis 15 Uhr).
- gibt es keine Unterscheidung in Gymnasium, Realschule oder Hauptschule.
- werden Theater, Musik oder Tanz als Fächer angeboten.
- kann man berufsbezogene Fächer wählen und so seine Talente und Interessen testen.

Wer das Heimweh wegstecken kann, der kommt meist nicht nur mit exzellenten Englischkenntnissen, sondern auch mit viel Motivation und Selbstbewußtsein zurück. Wichtig zu wissen ist, dass die meist guten Privatschulen auch sehr teuer sind. Die Beziehung zur Schule ist bei den meisten Schülern eng, und viele Schulen legen großen Wert, nicht nur akademisch auszubilden, sondern auch Charakterbildung zu betreiben (s. Kapitel „Mit Kindern nach Australien").

Aber auch nur ein Aufenthalt in einer Sprachschule kann schon einen passablen Einblick in Land und Leute gewähren. Für beide Varianten gilt: man kann sich den Aufenthalt über eine Organisation in Deutschland oder in Australien organisieren lassen oder auch direkt eine Schule ansprechen. Wer eine Schule oder Kurse bis zu drei Monaten besucht, der braucht nur ein Touristenvisum. Für alles darüber Hinausreichende muss man ein Studentenvisum beantragen. Hierbei ist eine private Krankenversicherung Pflicht – der Overseas Student Health Cover (s. Kapitel Visum)

Studium oder Berufsausbildung

Australien zählt mehr als 40 Universitäten, die im internationalen Vergleich einen ausgezeichneten Ruf genießen. Sie sind deutlich wettbewerbsorientierter als deutsche Universitäten, verlangen aber auch wesentlich höhere Studiengebühren. Australien ist daran interessiert, Studenten aus anderen Ländern anzuziehen. Bildung ist ein wichtiger Exportmarkt für den fünften Kontinent, so dass rund 200 000 Studenten aus weit über 100 Ländern ihre Ausbildung in Australien abschließen. Neben einem Studium ist es auch möglich, eine Berufsausbildung an den sogenannten Tafe-Instituten zu belegen.

Vielen jungen Leuten hat ein Studium oder eine Berufsausbildung schon die Türen nach Australien geöffnet. Zum einen gibt es Extra-Punkte für australische Abschlüsse, wenn man sich um ein Skilled Visa bewirbt, zum anderen fällt es einem leichter, vor Ort einen Sponsor zu finden. Und so mancher hat sich natürlich auch schon in einen Kommilitonen oder eine Kommilitonin verliebt.

Studieren in Australien ist allerdings ausnehmend teuer. Die Kosten schwanken je nach Kurskombination, können aber bis zu 15 000 $ (Geistes- oder Sozialwissenschaften), 20 000 $ (Betriebswirtschaften oder Ingenieurwesen) oder 25 000 $ (Medizin oder Naturwissenschaften) im Jahr betragen. Viele australische Studenten arbeiten deshalb nebenbei. Auch Ausländer können dies relativ einfach machen. Sie beantragen nach Antritt ihres Studiums eine sogenannte „Permission to Work" (eine Arbeitserlaubnis) bei der Einwanderungsbehörde und dürfen dann bis zu 20 Stunden pro Woche neben der Uni arbeiten und natürlich auch in den Semesterferien.

Was ist zum Beispiel anders in Australien?

- Die Betreuung durch die Professoren und Dozenten ist äußerst gut und persönlich. Sie sehen sich mehr als Lehrer denn als Forscher.
- Das Studium in Australien ist deutlich praxisbezogener und weniger akademisch als in Deutschland.
- Das Studienjahr beginnt im Februar und endet im November. Es besteht aus zwei Semestern mit jeweils 14 Unterrichtswochen.
- Es gibt in den Ferien „Summer Schools" bzw. „Winter Schools", wo man Fehlscheine nachholen kann bzw. sein Studium beschleunigen kann.
- Die Prüfungen bestehen meist aus Multiple Choice Fragen.
- Bei Prüfungen herrschen strenge Sicherheitskontrollen.
- Seminarnoten basieren auf den Leistungen während des gesamten Semesters. Nicht nur auf Hausarbeit oder Abschlussklausur.
- Die Hausarbeiten sind meist Gruppenarbeiten.
- Die Noten gehen von 0–49 % Fail (F), 50–59 % Pass (P), 60–69 % Credit (C), 70–79 % Distinction (D) bis 80–100 % High Distinction (HD).
- Die akademischen Abschlüsse sind Bachelor, Honours (die Erweiterung des Bachelor, nur die besten 30% jedes Jahrgangs werden zugelassen) oder Master. Nur Honours oder Master befähigen zum PhD Studium

(Doktortitel). Australische Universitäten verleihen aber auch Diplomabschlüsse oder sogenannte Postgraduate Certificates. Insgesamt treten australische Studenten deutlich früher ins Berufsleben ein. Im besten Fall schließen sie die High School mit 17 Jahren ab, haben mit 20 bereits ihren Bachelor in der Tasche, mit 21 die Honours und mit 24 Jahren den PhD.

Manche europäische Universitäten haben Austauschprogramme mit australischen Universitäten vereinbart. Dies ist zumindest ein Weg, sich die Studiengebühren zu sparen. In Deutschland erstattet auch das Bafögamt einen Teil der Studiengebühr, wenn das Auslandssemester für das Studium hilfreich ist und zumindest ein Teil des Auslandsstudiums auf das Studium in Deutschland angerechnet werden kann. Außerdem kann man sich natürlich um Stipendien wie die des DAAD bewerben. Übrigens ist für Studenten eine private Krankenversicherung Pflicht. (Overseas Student Health Cover).

Wichtige Links zum Thema:

- Bildungsseite der australischen Regierung, *http://aei.dest.gov.au*
- idp-Seite mit gratis Einschreibe-Service an australischen Universitäten, *www.idp.com*
- Infoseite „Studies in Australia", *www.studiesinaustralia.com*
- Australia Centre Europe – Zusammenschluss von acht australischen Universitäten, *www.go8.edu.au/europe*
- Zentrales Studentensekretariat aller australischen Hochschulen, *www.ranke-heinemann.de*
- Vertretung australischer Hochschulen in Deutschland, *www.gostralia.de*
- Visafragen – australische Botschaft in Berlin, *www.germany.embassy.gov.au*
- Seite des DAAD, www.daad.de
- Arbeitsgenehmigung, *www.immi.gov.au/students/students/working_while_studying/index.htm*

Praktikum

Ein Praktikum oder ein Occupational Traineeship in Australien zu absolvieren, kann schwieriger als gedacht sein, denn Praktika sind in vielen australischen Unternehmen nicht so üblich wie in deutschsprachigen Ländern. Mit einer Bewerbung aus dem Ausland Erfolg bei einem Unternehmen zu haben, in dem man keinen Ansprechpartner kennt, wird nicht einfach sein. Natürlich kann man sich bei deutschen Unternehmen in Australien bewerben (Adressen gibt es zum Beispiel über den Verlag interconnections, *http://shop.interconnections.de*) oder sich das Praktikum über eine Organisation in Deutschland oder Australien gegen Gebühr organisieren lassen.

Ein Praktikum kann im Rahmen eines Occupational Trainee Visums, eines Studentenvisums oder eines Working Holiday Visums absolviert werden. Ein Urlaubsvisum reicht dazu nicht aus! Beim klassischen Occupational Trainee Visum muss das Praktikum vom Immigration Office zunächst genehmigt werden, bevor man den eigentlichen Visumsantrag stellen kann. Zum Erhalt eines Occupational Trainee Visums hat der Antragsteller nachzuweisen, dass das Praktikum berufs- oder studiumsbezogen ist (z.B. über eine Bestätigung der Universität oder Ausbildungsstelle). Auch der Arbeitgeber muss ein Formular ausfüllen und einreichen, quasi den Praktikanten für die vorgesehene Stelle „nominieren", (s. auch Kapitel Visum). Der ganze Vorgang ist also relativ aufwändig, so dass es einfacher sein mag, ein Praktikum über ein Studentenvisum (und einer „Permission to Work"- s.o.) oder ein Working Holiday Visum zu organisieren, wenn dies zu den eigenen Plänen bzw. dem eigenen Alter passt. Leider existiert das Working Holiday Visum weder für österreichische noch für Schweizer Staatsbürger.

Ein Praktikum gewährt natürlich optimalen Einblick in die australische Arbeitswelt. Wer dann noch bei einer Gastfamilie wohnt, wird sicherlich mit einer Vielfalt an Erfahrungen und hoffentlich auch einer Menge an Kontakten zurückkehren. Wer den Arbeitgeber ausreichend beeindruckt und in einer gesuchten Berufssparte tätig ist, der mag im Anschluss sogar mit einem Sponsorship belohnt werden.

Working Holiday – Backpacking

Australien ist das ideale Land für Rucksacktouristen. Trotz der großen Entfernungen zwischen den Orten gibt es fast überall ausgezeichnete Campingplätze, sauber und gut ausgestattet, und in den Städten viele nette Jugendherbergen, auch wenn man hier durchaus mal daneben liegen kann. Jedes Jahr strömt rund eine halbe Million Rucksackreisende nach Australien, darunter im Durchschnitt ungefähr 40 000 Deutsche. Leider können Österreicher und Schweizer das Working Holiday Visum – wie erwähnt – nicht beantragen.

Jobs für Backpacker gibt es viele, auch wenn die Löhne nicht gerade üppig sind. Vor allem bei der Farmarbeit schuftet man manchmal nur für Kost und Logis. Doch die Farmarbeit zahlt sich visumstechnisch aus. Wer es drei Monate oder länger in einer ländlichen Gegend und mit landwirtschaftlicher Arbeit ausgehalten hat, der kann sein Working Holiday Visum sogar auf zwei Jahre ausdehnen. (s. Kapitel Visum) Farmjobs sind nicht immer einfach, denn es ist nicht nur eine schwere, sondern oft auch eine schmutzige und manchmal sogar gefährliche Arbeit. Vor allem die klimatischen Bedingungen im Outback oder in den tropischen Regionen können Probleme verursachen. Andererseits ist die Arbeit auch eine Erfahrung fürs Leben. Gefragt sind je nach Saison vor allem Pflück-, Pflanz-, Ernte-, Sortier- oder Verpackjobs bei Obst- und Gemüsefarmen.

Neben der Landwirtschaft finden sich Jobangebote zum Beispiel in der Tourismus- und Gastronomieindustrie, in der Buchhaltung, bei Umzugsfirmen, bei Promotionfirmen, im Verkauf, im Sekretariat oder im Call Centre. Viele Familien nehmen Backpacker auch gerne als Au Pair oder Kindermädchen auf. In vielen Bereichen werden gute Englischkenntnisse vorausgesetzt. Wer es schafft, in seinem eigenen Beruf zu arbeiten, der hat augenblicklich sicherlich auch gute Chancen auf ein Sponsorship.

Einen Aushilfsjob zu finden, ist relativ einfach. Bei einem regelmäßigen Job wird es dagegen deutlich schwieriger, da das Visum einem nur erlaubt, sechs Monate beim jeweiligen Arbeitgeber zu bleiben.

Wo findet man Stellen?

- Wer den Working Holiday über einen deutschen oder australischen Anbieter organisieren läßt und dafür natürlich auch bezahlt, der erhält meist eine Starthilfe bei der Stellensuche.
- Farmjobs findet man zum Beispiel über den National Harvest Labour Info-Service *www.madec.edu.au*
- Wwoofing Jobs: Wwoofing steht für World Wide Opportunities on organic Farms. Hier gibt es oft kein Entgelt, aber dafür Verpflegung und Unterkunft kostenlos. Erhältlich ist die Mitgliedschaft über *http://shop.interconnections.de,* und zwar für eine oder zwei Personen, die mit einer Gastgeberliste reisen können. Dabei im Textfeld bitte die Passnummer angeben bzw. die beider Reisender sowie den Beginn der Mitgliedschaft (normalerweise Einreisemonat). Woofen kann man übrigens auch mit dem Touristenvisum, womit diese Jobmöglichkeit auch Schweizern und Österreichern offen steht.
- *www.taw.com.au* ist eine Jobsuchmaschine für Reisende – Travellors @ Work – und bietet Jobs in vielen verschiedenen Bereichen.

In den größeren Städten bestehen auch Vermittlungsagenturen für Backpacker. Hier zahlt die Agentur dann den Lohn aus und behält einen Teil natürlich für sich selbst ein.

Und noch ein paar Tipps:

- Steuern: Auch Backpacker brauchen eine Steuernummer, wobei die Arbeitnehmer die Superannuation (Rentenzahlung) einzahlen. Gegen Ende ihres Aufenthaltes können die Reisenden einen Teil der Steuern und die Rentenzahlung zurückfordern. Etliche Anbieter im Internet nehmen einem diesen Job für wenig Geld ab (nach Tax Back und Superannuation Refund suchen).
- zuviel Gepäck: beim Internetcafé Global Gossip kann man Pakete ab einem Kilo relativ günstig verschicken. Es lohnt, die Preise bei zuviel Gepäck mit den Preisen der australischen Post oder anderen Anbietern zu vergleichen, www.globalgossip.com.
- ein wichtiges Zertifikat: RSA (responsible service of alcohol) ist ein Zertifikat, das all diejenigen brauchen, die in der Gastronomie arbeiten wollen. In einem Tageskurs lernt man, an welche Gäste man Alkohol ausschenken darf und an wen nicht oder nicht mehr.

Perth hat kilometerlange Strände

Exkurs

Auswandern auf Zeit: eine junge Schauspielerin büffelt nach einer Traumrolle in Australien fürs Abi

Auswanderer Story:
Eine Kölnerin wird zum Surfstar

Mara Scherzinger ist Jungschauspielerin, Schülerin und Geschäftsfrau, wie sie selbst sagt. Sie verbringt ihre letzten zwei Schuljahre in Sydney, ohne Mama, Papa und Bruder, die wiederum zwischen Köln, New York und Mara's neuer Heimat Australien pendeln.

Mara ist eine junge Frau, die weiß, was sie will. Schon mit 13 stand sie zum ersten Mal vor der Kamera, damals in der ZDF-Produktion „Liebe und Verlangen" mit Katja Flint. Die Serie SK Kölsch, ein Kurzfilm, eine Werbung und eine Nebenrolle in einem Kinofilm folgten. „Ich habe das Schauspielern im Blut, schon als ich drei Jahre alt war, bin ich auf jeder Familienfeier aufgetreten und habe gesungen und getanzt."

Ihre Mutter, die selbst Management-Trainings leitet, hat sie von Anfang an unterstützt und gefördert.

„Mama sagt immer, du sollst etwas machen, wo dein Herz wirklich dran hängt. Sie hat mich von Anfang an in allem bestärkt und zur Geschäftsfrau erzogen." Maras Mutter nahm sie von klein an mit zu ihren internationalen Trainings, wo Mara sich im „Kids Camp" behaupten musste und schon früh Englisch lernte.

Der Anruf, der ihr Leben verändern sollte, kam im Januar 2004. Mara war gerade im Supermarkt, als ihr Handy klingelte und ihre Agentur ihr von einer Teenager-Serie erzählte, die in Australien spielen sollte. Da sagte sie sich: „Das will ich, das werde ich kriegen." Außer ihren Eltern erzählte sie niemandem etwas von den Castings, die folgten. „Ich dachte, das sei vielleicht negative Energie und dann würde es nicht klappen." Doch es klappte, Mara wurde aus 100 Bewerbern ausgesucht und bekam ihre Traumrolle. „Ich hatte mich gut vorbereitet. Am Anfang wusste ich nur, dass es in Australien Koalas, Kängurus und Eukalyptus gibt. Doch dann las ich alles über das Land, bastelte eine Collage aus allem, was ich fand und hängte sie an die Wand, damit ich sie immer sehen konnte."

In der australisch-deutschen Co-Produktion (ABC, Southern Star Entertainment & NDR) sollte sie nun Anna spielen, eine junge Deutsche, die einen Platz an der angesehenen Surf-Akademie Blue Water High in Sydney bekommen hatte. Wie die Anna in der Serie musste sich auch die echte Mara am anderen Ende der Welt mit einem intensiven Schul- und Surfprogramm auseinandersetzen und erstmal Anerkennung und Freundschaften finden. Die ersten Monate kamen ihre Eltern und ihr Bruder zwar mit, doch die Dreharbeiten an Sydneys Stränden waren anstrengend, alles war auf Englisch und obwohl Mara eine gute Schwimmerin war – Surfen musste sie erst noch lernen. „Ich hatte noch nie zuvor ein Surfboard angefasst und ich hatte ganz schön Respekt vor den Wellen. Doch ich konnte es dann erstaunlich schnell und für die gefährlichen Szenen hatten wir Doubles." Um in der Schule nicht zurückzufallen, bekam sie in den Drehpausen Unterricht von einem Tutor. „Das war eine tolle Zeit. Ich liebe das Meer, den Strand, die ständige Brise, die weht. Am Set waren alle super nett und es war nie peinlich, wenn mal was nicht geklappt hat. Dann haben wir einfach alle gelacht."

Nach sieben Monaten Dreh wollte Mara nicht wieder zurück nach Deutschland. „Die ganze Atmosphäre hier ist entspannter, das tut der Seele und dem Körper gut. Das Essen ist gesünder, die Luft ist besser. Ich wollte einfach bleiben." Maras Mutter ist einverstanden, will die Selbständigkeit und Unabhängigkeit der Tochter fördern. Schnell steht fest, Mara wohnt bei einer Gastfamilie, hilft dort bei der Kinderbetreuung und im Haushalt und besucht die australische Highschool. „Schule macht hier auch mehr Spaß. Ich kann Theater und Tanz als Hauptfächer belegen und ich werde eineinhalb Jahre früher fertig als in Deutschland."

Manchmal geht sie zwar in Hausaufgaben und Projekten fast unter und es fällt ihr auch nicht immer das passende englische Wort ein, doch sie ist froh, den Schritt nach Sydney gewagt zu haben. „Ich lerne hier soviel. Auch wenn es nicht so akademisch ist wie in Deutschland. Aber hier kann ich alles ausprobieren, was mich interessiert. Ich kann tanzen und Theater spielen, Filme produzieren, in Themen wie Kindererziehung, Mode, Holzarbeiten, Design, Fotografie oder Gastronomie reinschnuppern. Es ist alles viel praktischer und berufsbezogener als daheim."

An den Wochenenden ist Mara dann sportlich unterwegs. „Surfen ist wirklich mein Hobby geworden. Ich habe die Ausbildung zur Rettungsschwimmerin gemacht und patrolliere jetzt sonntags immer am Strand." Auch Freunde hat sie schnell gefunden, doch die australische Liebe läßt noch auf sich warten. „Die australischen Jungs sind nicht so mein Geschmack. Die an meiner Schule sind ohnehin alle zu jung. Ich will mal einen Mann mit Ambitionen und keinen verwöhnten Teenager. Der würde mich nur ablenken."

Und von ihrer Karriere und ihren beruflichen Träumen läßt sich Mara Scherzinger nicht ablenken. Auch wenn sie im Moment rein fürs Abi büffelt und gerade nicht schauspielert, so weiß sie genau, wie ihre Zukunft aussehen soll. „Nach der Schule will ich in Los Angeles einen Monat ein Schauspieltraining machen und dann vielleicht die Schauspielschule in Ulm besuchen. Außerdem möchte ich den internationalen Aspekt beibehalten und mal mit britischem, amerikanischem und australischem Akzent sprechen können." Die Filmstadt Prag reizt sie zudem und natürlich Hollywood. „Ich will hoch hinaus und Australien ist erst der Anfang"

Mara ist stolz, es alleine im Ausland zu schaffen

Gut zu wissen von A – Z

Alkoholische Getränke
... gibt es in Australien nicht im Supermarkt, sondern nur im sogenannten Bottle Shop. Der Käufer muss über 18 Jahre alt sein. Auch nicht jedes Restaurant serviert alkoholische Getränke. Viele haben die Lizenz dazu nicht, dafür gilt dann BYO – Bring Your Own, was bedeutet, dass man eine Flasche Wein oder Bier mitbringen darf. Man zahlt dann nur eine Korkengebühr (Corkage). Im Freien Alkohol zu trinken (zum Beispiel an den Strandpromenaden), ist vielerorts verboten. Wer eine Flasche Wein kauft, bekommt diese auch in einer Papiertüte angereicht, damit diese nicht zu sehen ist.

Barfuss
... oder in Flip-Flops sieht man in Australien nach wie vor viele Leute. Auch am Abend im Restaurant kommt es immer wieder vor ...

Central Business District
... ist die Innenstadt der jeweiligen Städte.

Car Wash Café
... bei einem Kaffee wird das Auto von etlichen flinken Autowäschern per Hand gereinigt.

Didgeridoo und Dreamtime
... sind zwei wichtige Begriffe in der Kultur der Aborigines. Ein Didgeridoo ist ein Musikinstrument – ein langer hohler Ast, in den man bläst, und die Dreamtime ist die Schöpfungsgeschichte der Ureinwohner.

Doppelte Staatsbürgerschaft
... ist für Schweizer möglich, die bereits Permanent Residents sind und den Anforderungen des Citizenships entsprechen, s. die aktuellen Bedingungen unter *www.citi-*

Hier wird das Auto per Hand gewaschen

zenship.gov.au. Deutschland und Österreich erlauben offiziell keinen zweiten Pass, und wer „Australier" werden möchte, müsste den deutschen oder österreichischen Pass eigentlich abgeben. Deutsche und Österreicher können den australischen Pass jedoch in Ausnahmefällen annehmen ohne den eigenen Pass zu verlieren, wenn sie stichhaltig begründen können, welche Vorteile die Einbürgerung für sie mit sich bringt (z.B. weniger Studiengebühren, Bewerbungsmöglichkeiten auf Tätigkeiten, die nur australische Staatsbürger ausüben dürfen etc.) und wenn sie noch ausreichend Bindungen an ihr eigenes Land haben. Formulare und Informationen für diese Beibehaltungsgenehmigung gibt es bei den jeweiligen Botschaften und Konsulaten. Antrags-Procedere und Bedingungen für die australische Staatsbürgerschaft findet man – wie oben erwähnt – unter *www.citizenship.gov.au.*

Einwohnermeldeamt
... So etwas gibt es in Australien nicht! Auch bei seiner eigenen Botschaft muss man sich nicht melden.

Eiscreme-Wagen
... sind ein herrlich altmodisches Phänomen. Die rosafarbenen Automobile fahren durch die Wohngegenden und die Kinder können sich in der mobilen Eisdiele ihre Portion Eis kaufen.

Fahrräder
... sind in Australien auch auf der Autobahn erlaubt. „The road is there to share" – ein nicht ganz ungefährliches Unterfangen – vor allem in den Städten ...
In ganz Australien herrscht beim Radfahren übrigens Helmpflicht.

Fernseh- und Rundfunkgebühren
.... gibt es in Australien nicht. Die öffentlich zugängigen Sender empfängt man über Antenne, ansonsten sind Unterhaltungskanäle gegen Kabelgebühren erhältlich.

Gerichte und andere Gaumenfreuden
..., die niemand Down Under verpassen darf, sind: Vegemite – ein Brotaufstrich aus Hefe, Meat Pies (mit Hackfleisch gefüllte, herzhafte Kuchen), Lamingtons (Kokoskuchen in Schokolade) und Pavlova (Baisser mit Schlagsahne und Obst). Ansonsten steht alles hoch im Kurs, was gegrillt werden kann – Lammkoteletts oder Rindersteaks. Australier sind die Meister des Barbecues!

Heiraten
... kann man in Australien mit Hilfe eines sogenannten „Marriage Celebrants" (Liste s. unter *www.ag.gov.au/celebrants).* Man füllt das sogenannte „Notice Of Intended Marriage"-Formular unter *www.ag.gov.au* aus. Zwischen der Abgabe des Aufgebotsformulars

beim „Marriage Celebrant" und der Trauung müssen mindestens ein Monat und ein Tag liegen. Vorlegen muss man meist einen Reisepass, eine Geburtsurkunde und falls die Heiratskandidaten schon mal verheiratet waren das Scheidungsurteil (jeweils in beglaubigter, englischer Übersetzung). Für die Hochzeit sind zwei Zeugen nötig. Näheres bei der „Registry of Birth, Death and Marriages" der jeweiligen Bundesstaaten oder Territories.

Hotel
Dieser Begriff kann einen trügen, denn es handelt sich oft eher um ein Pub ohne Unterkunftsmöglichkeit. Im Internet deswegen nach „Accomodation" suchen.

Infrastruktur
.... hat in Australien Nachholbedarf. Autobahnen, Häfen und Eisenbahnnetz etc. sind veraltet, in schlechtem Zustand oder komplett überlastet. Der Regierung stehen große Infrastrukturprojekte in den kommenden Jahren bevor. Auch das Internet ist rückständig. Die durchschnittliche Download-Geschwindigkeit für DSL-Breitband liegt bei knapp einem Megabit pro Sekunde. (s. auch unten). Der Flugverkehr ist dagegen vorbildlich und die Sicherheitsnormen sind beispielhaft.

Internet
In Australien gibt es weniger Internet-Angebote mit integriertem VoIP Telefon, wie in Europa bekannt. (s. auch unter Telefonieren). Einen geeigneten Provider kann man gut mit Hilfe der folgenden Webseite finden: *http://bc.whirlpool.net.au*. Wer keinen eigenen Internetanschluss braucht, kann im Internet-Cafe surfen.
Da dies aber auf die Dauer recht teuer ist, ist ein weiterer Tipp, sich bei einer der lokalen Bibliotheken anzumelden. Dort kann man meist kostenlos ins Internet gehen.

Jahreszeiten
Nicht vergessen: Australien liegt auf der Südhalbkugel, und die Jahreszeiten sind genau anders herum. Weihnachten ist also im Sommer und Juni, Juli und August sind die kältesten Monate.

Jet Lag
... ist ein Phänomen, das jeder Reisende nach einem Langstreckenflug verspürt. Müdigkeit und Konzentrationsschwächen sind die häufigsten Folgen und bei Flügen in Richtung Osten ist der Jet Lag meist schlimmer als anders herum. Als Tipps kann man geben: die Uhr noch während des Fluges auf die Ankunftszeit im Zielland umstellen und dort den normalen Rhythmus mitmachen. Alkoholische Getränke und Schlafmittel sollte man vermeiden. Bei Flügen in Richtung Westen emp-

fiehlt sich: im Flugzeug wach bleiben und proteinreiche Kost essen, bei Flügen in Richtung Osten versuchen beim Flug zu schlafen und eher Kohlenhydrate zu sich nehmen.

Kaffee

... gibt es in vielen verschiedenen Arten, deren Qualität Italien in nichts nachsteht. Latte (eine Art Latte Macciato), Flat White (eine Art Milchkaffee), Cappuccino, Short Black (schwarzer Kaffee), Long Black und für die Kleinen ein Babycino (nur Milch mit Schokostreuseln und manchmal Marshmellow). Viele bestellen ihren Kaffee auch mit Skim Milk, das ist die kalorienreduzierte Milch.

Klima

Das australische Klima ist äußerst vielfältig. Der Norden hat ganzjährig ein feucht-heißes Tropenklima. Die Regenzeit ist zwischen November und April. Hier kann es durchaus auch mal einen Wirbelsturm geben. An der Ostküste in Richtung Brisbane wird es eher subtropisch, und auch große Teile Westaustraliens haben in Küstennähe ein subtropisches Klima. Das Zentrum Australiens hat ein arides bis semiarides Wüstenklima. Hier herrscht große Trockenheit mit Temperaturen tagsüber oft weit über die 30 Grad. Sydney, Canberra, Hobart, Adelaide und Melbourne haben ein moderates Klima mit warmen Sommern und teilweise durchaus kühlen Wintern. Besonders auf Tasmanien kann es im Winter recht kalt werden. Und was viele nicht wissen: man kann auch in Australien Skifahren. New South Wales, Victoria und auch Tasmanien haben recht schneesichere Ski- und Langlaufgebiete!

Lebenshaltungskosten

... sind im Durchschnitt in Australien etwas geringer, wobei das teilweise niedrigere Einkommen dies wieder ausgleicht. Viele Lebensmittel, besonders Fleisch und Fisch sind günstiger, während Obst und Gemüse etwa genauso viel kosten und Milchprodukte und Süßigkeiten teurer sind. Auch Alkohol und Zigaretten sind deutlich teurer. Dafür ist es im Normalfall günstiger, außer Haus zu essen, und auch die Benzinpreise sind niedriger.

Trotzdem kommt es auch in Australien natürlich auf den jeweiligen Ort an, in dem man wohnt: Sydney zum Beispiel landet immer unter den 25 weltweit teuersten Städten für Expatriats. Und Perth erlebt gerade einen wirtschaftlichen Boom, der auch mit teuren Preisen einhergeht. Doch die hohen Gehälter vieler Arbeitgeber dort gleichen dies auch wieder aus.

Message Bank

... ist ein praktischer Anrufbeantworter-Service, den die meisten Telefongesellschaften kostenlos bieten. Ein Anrufbeantworter ist somit überflüssig.

Mutter Großbritannien

... die Bindung an Großbritannien ist immer noch vorhanden, nicht umsonst gehört Australien zum Commonwealth und akzeptiert die britische Königin als Staatsoberhaupt. Sie ist offiziell auch die Königin Australiens und ernennt den Governor General. Eine Volksbefragung, ob Australien nicht lieber Republik werden sollte, scheiterte 1999. Immerhin beschert die Königin den Australiern einen zusätzlichen Feiertag (den Queen's Birthday), auch wenn sie sonst eher selten vor Ort ist.

Notrufnummer

... ist in Australien die 000. (Polizei, Ambulanz und Feuerwehr)

Ozonloch

Auch wenn dies bei vielen Europäern ein großes Thema ist, in Australien selbst wird wenig darüber geredet. Wissenschaftliche Untersuchungen haben auch ergeben, dass die Gefahr in Australien auch nicht größer ist als in Mitteleuropa zum Beispiel. Dass viele Australier an Hautkrebs erkranken, liegt vielmehr an der höheren Sonneneinstrahlung. Inzwischen ist man in Australien aber „sun smart" geworden. Jeder cremt sich ein, und Hüte gehören im Sommer zum normalen Bild des Alltags.

Pass

Wer einen neuen Pass benötigt oder für sein neugeborenes Kind einen Ausweis beantragen muss, der wendet sich an seine jeweilige Botschaft. Neue Reisepässe müssen inzwischen zusätzliche biometrische Daten enthalten, nämlich die Fingerabdrücke der Passinhaber. Somit muss man persönlich bei den Botschaften oder Konsulaten vorsprechen und kann einen Pass nicht mehr schriftlich beantragen.

Post

Die Australia Post verschickt nicht nur Briefe und Päckchen, hier gibt es auch Schreibwaren, Geschenke, Rauchmelder und vieles andere. Bei der Post kann man zwischen dem normalen Postweg wählen (ca. ein bis zwei Tage innerhalb Australiens) oder der Express Post. Letztere garantiert eine Auslieferung am nächsten Arbeitstag. Auch international gibt es Express Post. Diese Briefe oder Päckchen lassen sich dann im Internet nachverfolgen. Australier beantragen übrigens auch ihre Reisepässe bei der Post.

Quark

... kennt man in Australien eigentlich nicht. Trotzdem kann man das Milchprodukt der Alpenländer teilweise in Bioläden oder in europäischen Delikatessenläden zu horrenden Preise kaufen. Die Konsistenz ist aber oft eine andere. Insofern kann man sich bei vielen

Gerichten auch mit dem Ricotta aus dem Supermarkt behelfen.

Rauchen
... ist ungern gesehen, vielerorts verboten – normalerweise in Restaurants, Cafes und öffentlichen Gebäuden. Die Sydney-Gemeinde Mosman hat es 2004 als erster Ort weltweit sogar im Freien untersagt. Raucher müssen dort auf öffentlichem Land mindestens 20 Meter Abstand von Restaurants oder Cafes halten. In Pubs gibt es noch oft Zonen, in denen geraucht werden darf. Die Regierung fährt große Anti-Rauchkampagnen und Zigaretten sind zudem teuer. Die Gesetzsprechung ist in den einzelnen Staaten jedoch unterschiedlich streng.

RSL Clubs
RSL bedeutet Returned & Services League oder Returned Soldiers League. In den meisten Stadtteilen gibt es solch einen Club, in dem aber nicht nur alte Kriegsveteranen verkehren, sondern auch viele jüngere Leute zum Essen, Trinken und Feiern hingehen. Normal muss man gegen einen geringen Beitrag Mitglied werden (wenn man im gleichen Stadtteil wohnt) oder sich sonst als Gast in eine Liste eintragen.

Strom und Steckdosen
Die Wechselstromspannung beträgt 220–250 Volt und 50 Hertz. Die australischen Stecker sind dreipolig, was einen Adapter erfordert. Jede Steckdose hat im Normalfall einen Schalter, mit dem man sie ausschalten kann.

Suburbs
... ist alles, was nicht Innenstadt ist. Wer also nicht mitten im Zentrum wohnt, hat in seiner Adresse nicht Sydney, Melbourne oder Perth stehen, sondern vielleicht Manly, St. Kilda oder Cottesloe. Manche Freunde und Angehörige in der Heimat verwirrt dies und sie fragen dann erstaunt: „Wohnst du nicht eigentlich in Sydney?"

Telefonieren
Von Australien nach Deutschland, Österreich oder in die Schweiz kann man mit billigen Telefonkarten telefonieren, die es in den Kiosken gibt. Man wählt die Kartennummer, wählt die Sprache, tippt seine Pinnummer ein und dann die gewünschte Telefonnummer. Nicht unkompliziert aber billig. Trotzdem: Karten vergleichen, manche verlangen eine Verbindungsgebühr oder verfallen innerhalb von drei Monaten wieder.
Auch private Telefonanbieter haben teilweise günstige Angebote für Europa. Ein Vergleich findet sich zum Beispiel unter *www.phonechoice.com.au.*

Die günstigsten Telefontarife von Deutschland, Österreich oder der

Schweiz aus erfährt man unter:
www.billiger-telefonieren.de (Deutschland)
www.billiger-telefonieren.at (Österreich)
www.comparis.ch (Schweiz)

Vollkommen gratis sind zum Beispiel die Internettelefonie Skype, *www.skype.com,* oder das Alternativ-Angebot Jajah, *www.jajah.com,* wenn beide Gesprächspartner dort angemeldet sind und das Gespräch von PC zu PC läuft. Gespäche auf einen Festnetzanschluss kosten Gebühren. Hinter dem Ganzen verbirgt sich das sogenannte VoIP bzw. „Voice over Internet Protocol". Nett für die Familie ist es auch, eine Webkamera zu installieren – dann kann man sich beim Gespäch auch sehen. Letzterer Bonus macht die nicht immer einwandfreie Gesprächsqualität wieder wett.

Trinkgeld
... wird in Australien nicht erwartet, aber man freut sich darüber natürlich trotzdem.

Top Ten Tippfehler
... bei australischen Orten, die Leser dieses Buches vermeiden sollten, sind laut einer Hotelbuchungsseite im Internet:
1. Brian Bay (Byron Bay)
2. The Big Red Rock (Uluru)
3. Cans (Cairns)
4. Clowndra (Caloundra)
5. Dumbo (Dubbo)
6. Wogga Wogga (Wagga Wagga)
7. Erinsborough und Summer Bay (Fiktionale Locations aus den Sendungen „Neighbours" und „Home & Away")
8. Almond Land (Arnhem Land)
9. Drunk Island (Dunk Island)
10. Permission Beach (Mission Beach)

Uluru
... ist der Aboriginal Name für den Ayers Rock. Auch wenn der große Monolith im Zentrum Australiens Touristen magisch anzieht, so sollte man ihn eigentlich nicht erklimmen, da dies die Ureinwohner nicht wünschen. Außen herum wandern ist übrigens mindestens genauso spannend und viel weniger gefährlich.

Vorwahlen
Von Australien nach Deutschland: 001149

Von Australien nach Österreich: 001143

Von Australien in die Schweiz: 001141.

Nach Australien wählt man die: 0061

Bei der Ortsvorwahl entfällt die Null!

„Wait to be seated"
... ist in vielen besseren Restaurants üblich. Der Kellner weist einem den Tisch zu.

Wahlpflicht
In Australien hat jeder Bürger eine Wahlpflicht, ähnlich wie übrigens in Belgien, und wer das Wählen versäumt, erhält eine Geldstrafe. Als „Temporary Resident" oder auch als „Permanent Resident" darf man allerdings nicht wählen.

Wasser
... ist in Australien normalerweise Mangelware. Deshalb gibt es vielerorts sogenannte Water Restrictions (z.B. wann und wie oft man den Garten gießen darf).

Xmas
... ist die Abkürzung für Weihnachten. In Australien ist der Hauptfeiertag der 25.12., der Christmas Day. Die Kinder bekommen ihre Geschenke am Morgen des Weihnachtstages vom Weihnachtsmann. Christkind oder Nikolaus gibt es nicht. Auch Heiligabend spielt keine große Rolle, obwohl viele Firmen auch ab Mittag schließen und manche sogar den ganzen Tag frei geben. Am Weihnachtstag gibt es traditionell gebratenen Truthahn, Meeresfrüchte oder kalten Braten und Schinken. Vor allem jüngere Leute feiern gerne mit Barbecue am Strand. Ebenfalls dazu gehören Christmas Cracker, übergroße Knallbonbons, die man auseinander reißt und dann mit einem kleinen Geschenk, einer Papierkrone oder einem Witz belohnt wird.

Yum Cha
... muss man im Einwandererland Australien unbedingt einmal ausprobieren. Bei diesem chinesischen Brunch werden verschiedenste chinesische Leckereien gereicht. Einfach mal mutig sein!

Zeitzonen
Australien ist in drei Zeitzonen geteilt.

Die Australian Eastern Standard Time (AEST) gilt für New South Wales, das Australian Capital Territory, Tasmanien, Victoria und Queensland. Die AEST ist GMT+10, also zehn Stunden nach der Greenwich Mean Time.

Die Australian Central Standard Time (ACST) ist eine halbe Stunde hinter der EST und gilt für Südaustralien und das Northern Territory.

Die Australian Western Standard Time (AWST) ist zwei Stunden hinter der EST und bezieht sich nur auf Westaustralien.

Alle Staaten außer Queensland und das Northern Territory haben eine Sommerzeit oder Daylight Saving Time, das heißt sie stellen die Uhr im Sommer eine Stunde vor und zum Winter wieder zurück.

Ein Buch für Ihren Reisebericht,
s. „Shop - Bücher",
„Bücher kostenlos"
www.interconnections.de

Australischer Slang

A

Ace!	Sehr gut
Aerial pingpong	Australian Rules Football
Alice or The Alice	Alice Springs, Northern Territory.
Anchors	Bremsen (Auto)
Ankle biter	Kleinkind
Apples, she'll be	Es wird schon werden...
Argue the toss	Nicht der gleichen Meinung sein
Arvo	Nachmittag
At a push	Unter schwierigen Bedingungen
Aussie	Australier/-in
Aussie battler	Ein normaler, australischer Arbeiter
Aussie salute	Fliegen mit der Hand verscheuchen
Away with the birds/fairies/pixies	Verwirrt sein

B

B & S	Bachelors' and Spinsters' Ball, eine Singles-Party im Outback
Back of Bourke	Sehr weit entfernt
Back of beyond	Jede schwer erreichbare, einsame Gegend
Bad trot	Pech
Barbie	Barbecue
Banana bender	Queenslander
Bangers and mash	Würste mit Kartoffelbrei
Be there with bells on	Voller Begeisterung irgendwohin kommen
Be with you in a tick	Ich bin sofort bei dir....
Beamer	BMW
Beaut, beauty	toll, fantastisch
Been around the traps	Lebenserfahren
Beg yours	Beg your pardon – Entschuldigen Sie
Big wet	Regenzeit
Bikkie	Biscuit – Keks
Billabong	Wasserloch
Billy	Wasserkessel
Bities	Alle gefährlichen/giftgen Tiere, die zubeißen (Spinnen, Schlangen)
Bloke	Kerl
Blowie	blow fly - Schmeißfliege

Blowy	Windig
Bludger	Faule Person
Boogie board	„Halbes" Surfboard
Bob's your uncle	„and there you have it" ... und dann passt das schon...
Brekkie	breakfast – Frühstück
Brizzie	Brisbane, Hauptstadt von Queensland
Brumby	Wildes Pferd
Buckley's	Keine Chance
Bull bar	Art Stoßstange, die Kängurus und andere Wildtiere auf der Straße abfangen soll
Bush	Outback
Bushie	Jemand, der im Outback lebt
Bushranger	Highway Man
Bush telly	Campfire
B.Y.O or B.Y.O.G	Bring Your Own Grog – alkoholische Getränke müssen mitgebracht werden

C

Chewie	Chewing gum - Kaugummi
Chokkers	Überfüllt, propenvoll
Chokkie	Chocolate - Schokolade
Chook	Huhn
Chrissie	Weihnachten
Chuck a sickie	Krank machen (obwohl man eigentlich gesund ist)
Coat-hanger	Sydney Harbour Bridge
Cockroach	Jemand aus New South Wales
Come good	Sich verbessern – nachdem man schlecht begonnen hat.
Cozzie	Swimming costume - Badeanzug
Cranky	Ärgerlich
Crook	Krank, schlecht gemacht
Crow eater	Jemand aus Südaustralien

D

Dag	Jemand witziger
Daks	Hosen
Damper	Brot aus Mehl und Wasser
Deadset	Wahr
Digger	Australischer Soldat, Goldgräber
Dinkum, fair dinkum	Echt, wirklich
Dinky-di	Wahrhaft, eine echte Sache

Docket	Rechnung
Doco	Documentary – Dokumentarfilm
Dodgy	Suspekt, unordentlich
Down Under	Australien
Dummy, spit the	Sich über etwas aufregen

E
Earbashing	Nerven, nicht aufhören zu reden
Esky	Kühlbox

F
Fair go	Gute Chance
Flake	Haifischfleisch
Flick	Etwas/Jemanden los werden
Flick it on	Etwas schnell wieder verkaufen und einen Profit daraus schlagen
Footy	Australian Rules Football
Fossicking	Suchen, fördern

G
Galah	Dummkopf
Garbo, garbologist	Müllmann
G'Day	Guten Tag
Give it a burl	Versuch es mal
Greenie	Umweltschützer
Grouse	Super, toll

H
Heaps	Viel
Hit the turps	Alkohol trinken
Hoon	Hooligan
Hottie	Hot water bottle – Wärmflasche

I
Icy pole, ice block	Wassereis

J
Jackaroo	Australischer Cowboy, jemand, der auf einer Farm arbeitet
Jillaroo	Cowgirl
Joey	Baby Känguru
Journo	Journalist
Jumbuck	Schaf

K

Kangaroos loose in the top paddock	Im Kopf verwirrt
Kero	Kerosin
Kindie	Kindergarten
Kiwi	Neuseeländer
Knock back	Jemanden zurückstoßen

L

Lamington	Kokoskuchen in Schokolade/Dessert
Larrikin	Clown
Lippy	Lipstick – Lippenstift
Lizard drinking, flat out like a	Im Stress sein
Lob, lob in	Bei jemandem „reinschneien"
Lollies	Süßigkeiten
Lucky Country	Australien
Lurk	Illegal

M

Mate	Guter Freund
Mate's rate, mate's discount	Guter Preis für einen Freund
Mexican	Jemand, der südlich der Grenze zu Queensland wohnt
Milk bar	Kleiner Laden, der Take Away Essen anbietet
Milko	Milchmann
Mozzie	Mosquito – Mücke
Muddy	Mud Crab – Krebs
Muster	Vieh zusammentreiben

N

Nasho	Militärdienst
Never Never	Outback
Nipper	Nachwuchs-Rettungsschwimmer (Kinder)
No worries	Keine Sorge

O

Oldies, olds	Eltern
O.S.	Overseas - Übersee
Outback	Inland von Australien
Oz	Australien

P
Pash	Kuss
Pav	Pavlova, austral. Dessert aus Meringue, Sahne und Obst
Piker	Feigling
Plate, bring a	Essen bei einer Party mitbringen
Plonk	Billiger Wein
Pokies	Poker Machines, Glücksspiel-Automat
Polly	Politician – Politiker
Pom, pommy	Engländer
Postie	Postman – Briefträger
Prezzy	Present – Geschenk

Q
Quid, make a	Sein Leben verdienen

R
Rack off / rack off hairy legs	Hau ab!
Rage	Party
Rage on	Partying
Rapt	Begeistert
Ratbag	Leichte Beleidigung
Reckon	Glaubst du? Mit Sicherheit!
Reffo	Refugee – Flüchtling
Rego	Auto-Registrierung
Rellie	Relative - Verwandter
Road train	Lastwagen mit mehreren Anhängern
Roo	Känguru

S
Salvos	Salvation Army – Heilsarmee
Sandgroper	Jemand aus Westaustralien
Sheila	Frau
Shout	Eine Runde im Pub bezahlen
Sickie	Krankentag
Sook	Softie
Spag bol	Spaghetti Bolognese
Spewin'	Sehr ärgerlich
Station	Große Farm
Stock	Vieh
Strides	Hosen
Strine	Australischer Slang
Stubby holder	Gefäß, um ein kleines Bier zu kühlen

Aborigines Tänzer am Australia Day

Die Autorin beim Kängurufüttern

Sunnies	Sunglasses – Sonnenbrille
Surfies	Surfer
Swag	Mischung aus Bett und Schlafsack
Swaggie	Swagman – Landstreicher

T

Tall poppies	Erfolgreiche Menschen
Taswegian	Jemand aus Tasmanien
Thongs	Flip Flops
Tinny or tinnie	Kleines Almunium Boot
Togs	Badeanzug
Too right	Auf alle Fälle
Top End	Ganz im Norden Australiens
Trackies	Track Suit – Jogginganzug
Truckie	Truck driver – Lastwagenfahrer
True blue	Patriotisch
Tucker	Essen

U

Uni	University – Universität
Unit	Apartment
Ute	Pickup Truck

V

Veg out	Vor dem Fernseher ausspannen
Vegies	Vegetables – Gemüse
Vee dub	Volkswagen

W

Waggin' school	Schwänzen
Walkabout	Auf einen Trip gehen, nicht mehr auffindbar sein
Wet	Regenzeit im Norden
Whinge	Jammern
Whopper	Riesig
Willy-willies	Kleine Staubteufel, Windhosen
Wobbly	Wutanfall

Y

Yabber	Viel reden
Yakka	Arbeit
Yewy	U-Turn
Yobbo	Ungehobelter Mensch

Adressen- und Linkverzeichnis

(themenbezogene Adressen und Links finden sich in den jeweiligen Kapiteln)

Australische Botschaften in Deutschland, Österreich und der Schweiz

Deutschland

Australische Botschaf Berlin
Wallstraße 76-79, 10179 Berlin
Tel: +49 (0)30 88 00 88 0
Fax: +49 (0)30 88 00 88 210
www.germany.embassy.gov.au

Österreich

Australische Botschaft Wien
Mattiellistrasse 2-4, 1040 Wien
Tel: +43 (0) 1 – 506 740
Fax: +43 (0) 1 – 504 1178
austemb@aon.at
www.australian-embassy.at

Schweiz

Australisches Generalkonsulat Genf
Chemin des Fins 2, Case Postale 172, 1211 Genf 19
Tel: +41 (0) 22 799 9100
Fax: +41 (0) 22 799 9178
www.australia.ch

Achtung: dies ist eine Vertretung, keine Botschaft, das heißt, Schweizer Auswanderer müssen die Botschaft in Berlin kontakten

Deutsche, österreichische und Schweizer Botschaften in Australien

Deutsche Botschaft in Canberra
Embassy of the Federal Republic of Germany
119 Empire Circuit, Yarralumla ACT 2600
Tel: +61 (0) 2 6270 1911
Fax: +61 (0) 2 6270 1951
info1@germanembassy.org.au
www.germanembassy.org.au

Sydney:

Consulate General of the Federal Republic of Germany, Sydney
13 Trelawney Street, Woollahra NSW 2025
Tel: +61 (0) 2 9328 7733
Fax: +61 (0) 2 9327 9649
info@sydney.diplo.de
www.sydney.diplo.de

Melbourne:

Consulate General of the Republic of Germany, Melbourne
480 Punt Road, South Yarra VIC 3141
Tel: +61 (0) 3 9864 6888
Fax: +61 (0) 3 9820 2414
meldiplo@bigpond.net.au
www.melbourne.diplo.de/en/Startseite.html

Deutsche Honorarkonsulate:

Adelaide (South Australia)
1st Floor, Peel Chambers, 23 Peel Street, Adelaide SA 5000
Postadresse: P.O. Box 8131, Station Arcade, Adelaide SA 5000
Tel: +61 (0) 8 8231 6320
Fax: +61 (0) 8 8231 6320
germanhc@bigpond.net.au

Brisbane (Queensland)
32 Floor, AMP Place, 10 Eagle Street, Brisbane QLD 4000

Tel: +61 (0) 7 3221 7819
Fax: +61 (0) 7 3221 7335
germancons@iprimus.com.au

Cairns (Queensland)
Shop 11, The Conservatory, 12 Lake Street, Cairns QLD 4870
Tel: +61 (0) 7 4041 5344
Fax: +61 (0) 7 4041 6311
iraymond@questapartments.com.au

Darwin (Northern Territory)
Action Sheetmetal P/L, 1824 Berrimah Road, Berrimah NT 0828
Postadresse: PO Box 38995, Winnellie NT 0821
Tel: +61 (0) 8 8984 3769
Fax: +61 (0) 8 8947 0037
harry@actionsheetmetal.com.au

Perth (Western Australia)
8th Floor, 16 St George's Terrace, Perth WA 6000
Tel: +61 (0) 8 9325 8851
Fax: +61 (0) 8 9221 3200
germanhcperth@westnet.com.au

Hobart (Tasmania)
143 Hampden Road, Hobart TAS 7000
Tel: +61 (0) 3 6223 8239
Fax: +61 (0) 3 6234 6155
dvbye@bigpond.net.au

Österreichische Botschaft, Canberra
12 Talbot Street, Forrest ACT 2603
Tel: +61 (0) 2 6295 1533 (Amt)
Fax: +61 (0) 2 6239 6751
Email: canberra-ob@bmeia.gv.at
www.aussenministerium.at/canberra
www.austria.org.au

Österreichische Honorarkonsulate:

Austrian Honorary Consulat, Adelaide
101 Port Wakefield Road, Cavan SA 5094
Consular district: South Australia, Northern Territory
Tel: +61 (0) 8 8139 7336
Fax: +61 (0) 8 8139 7338
austrian.consulate@gerardcorp.com.au

Austrian Honorary Consulate General, Brisbane
81 Yabba Street, Ascot QLD 4007
Consular district: Queensland
Tel: +61 (0) 7 3262 8955
Fax: +61 (0) 7 3262 8954
austriaqld@optusnet.com.au

Austrian Honorary Consulate, Cairns
Pacific International Hotel, Corner The Esplanade & Spence Street,
Cairns QLD 4870
Consular district: North Queensland
Tel: +61 (0) 7 4031 6666
Fax: +61 (0) 7 4052 1385
info@pacifichotelcairns.com

Austrian Honorary Consulate, Hobart
255 Nelson Road, Mt. Nelson TAS 7007
Consular district: Tasmania
Tel: +61 (0) 3 6225 4601
Fax: +61 (0) 3 6225 4601
E.Meidl@utas.edu.au

Austrian Honorary Consulate General, Melbourne
93 Nicholson Street, Carlton VIC 3065
Consular district: Victoria
Tel: +61 (0) 3 9349 5999
Fax: +61 (0) 3 9349 5100

Austrian Honorary Consulate, Perth
c/o Homeloans Ltd, Level 2, The Atrium Building, Perth WA 6000
Consular district: Western Australia
Tel: +61 (0) 8 9261 7035
Fax: +61 (0) 8 9261 7057

Austrian Honorary Consulate, Sydney
10th Floor, 1 York Street, Sydney NSW 2000
Consular district: New South Wales, Norfolk Islands
Tel: +61 (0) 2 9251 3363
Fax: +61 (0) 2 9251 1038
Consulate.Sydney@austriantrade.org

Schweizer Botschaft, Canberra
7 Melbourne Avenue, Forrest ACT 2603
Tel: +61 (0) 2 6162 8400
Fax: +61 (0) 2 6273 3428
vertretung@can.rep.admin.ch
www.eda.admin.ch/australia

Schweizer Honorarkonsulate:

Swiss Consulate-General, Sydney
Level 23, Tower 2, 101 Grafton Street, Cnr Grosvenor Street
Bondi Junction NSW 2022
Tel: +61 (0) 2 8383 4010
Fax: +61 (0) 2 9369 1334
Vertretung@syd.rep.admin.ch
www.eda.admin.ch/australia

Swiss Consulate, Brisbane
25 Buchanan Road, Banyo Qld 4014
Tel: +61 (0) 7 3621 8099
Fax: +61 (0) 7 3621 8088
peter.gloor@schenker.com

Swiss Consulate, Adelaide
64 Castle Street, Parkside SA 5063
Tel: +61 (0) 8 8271 8854
Fax: +61 (0) 8 8271 8854
swissconsulatesa@aol.com

Swiss Consulate, Hobart
8 D'Arcy Street, South Hobart TAS 7004
Tel: +61 (0) 3 6226 7569

Swiss Consulate, Melbourne
697 Toorak Road, Kooyong Vic 3144
Tel: +61 (0) 3 9824 7527
Fax: +61 (0) 3 9822 2053
erikakimpton@optusnet.com.au

Swiss Consulate, Perth
40 Hillway, Nedlands WA 6009
Tel: +61 (0) 8 9389 7097
Fax: +61 (0) 8 9389 7097
weber@iinet.com.au

Swiss Consulate, Darwin
Suite 5 1 Edmunds Street, Darwin NT 0800
Tel: +61 (0) 8 8981 4808
Fax: +61 (0) 8 8941 9089
swissconsulate@brainware.com.au

Europäische Wirtschaftskontakte in Australien

bfai – German Office for Foreign Trade
Suite 902, Level 9, 19-29 Martin Place, Sydney NSW 2000
Tel: + 61 (0) 2 92380209
Fax: + 61 (0) 2 92380196

German-Australian Chamber of Industry and Commerce
Deutsch-Australische Industrie- und Handelskammer
Level 10, 39-41 York Street, Sydney NSW 2000
Tel. +61 (0) 2 8296 0400
Fax: +61 (0) 2 8296 0411
Web: www.germany.org.au

Austrian Consulate General/Commercial Section
10/1 York St, Sydney NSW 2000
Tel: + 61 (0) 2 9247 8581
Fax: + 61 (0) 2 9251 1038
Web: www.austriantrade.org/australia

Swiss-Australian Chamber of Commerce and Industry SACCI
Level 5, 23-25 O'Connell Street, Sydney NSW 2000
Tel: +61 (0) 2 9223 7222
Fax: +61 (0) 2 9223 7211
www.sacci.com.au

Australische Wirtschaftskontakte in Deutschland

Australische Handelskommission
Australian Trade Commission – Austrade
Main Tower 28th Floor, Neue Mainzer Straße 52-58, 60311
Frankfurt/Main
Tel: +49 (0) 69 905580
Fax: +49 (0) 69 90558119
frankfurt@austrade.gov.au
www.austrade.de

Invest Australia Frankfurt
Australisches Generalkonsulat
Main Tower 28th Floor, Neue Mainzer Strasse 52-58, 60311
Frankfurt/Main
Tel: +49 (0) 69 9055 8201

Fax: +49 (0) 69 9055 8209
frankfurt@investaustralia.gov.au
www.investaustralia.gov.au

Interessante Weblinks

Deutschsprachige Webseiten mit Informationen über Australien:
In Deutschland: www.australien-info.de oder www.reisebine.de, www.down-under.org

In Australien: www.infobahnaustralia.com.au

All diese Webseiten betreiben auch ein Forum, in dem man sich mit anderen Australienbegeisterten austauschen kann.

Ein reines Forum betreibt die Webseite	*www.australien-forum.de*
Einwanderungsbehörde:	*www.immi.gov.au*
Tourismusbehörde:	*www.australia.com*
Deutsch-australisches Netzwerk e.V.:	*www.dean-online.de*
Pendant zu unserem Telefonbuch:	*www.whitepages.com.au*
Pendant zu unseren gelben Seiten:	*www.yellowpages.com.au*
Adressen finden/Online-Stadtteile:	*www.whereis.com.au*
Suchmaschine:	*www.google.com.au*
Währungsumrechnung:	*www.oanda.com*

Beratungsstellen für Auswanderer und Auslandstätige

(Viele dieser Stellen bieten auch eine Beratung in den einzelnen Bundesländern!)

Bundesverwaltungsamt in Köln, www.bva.bund.de
Im Menüpunkt Auswanderung und Auslandstätigkeit finden sich Länderinformationsschriften, auch zu Australien. Ferner besteht eine Online-Liste aller Beratungsstellen in den einzelnen Bundesländern.

Seestern am Strand

Ein Wallaby ruht in der Mittagshitze

Zentrale:

*Bundesverwaltungsamt
Eupener Str. 125, Köln
Tel: +49 (0) 228 99358-4999 (Hotline)
Fax: +49 (0) 0228 99358-4829
InfostelleAuswandern@bva.bund.de*

*Deutsches Rotes Kreuz
Generalsekretariat-Team 44, Carstennstr. 58, 12205 Berlin
Tel.: +49 (0) 30 8 54 04-1 22
Fax: +49 (0) 30 8 54 04-4 51
walkerh@drk.de
www.drk.de*

*Diakonisches Werk der Evangelischen Kirche in Deutschland
Hauptgeschäftsstelle, Referat Wanderung, Postfach 10 11 42,
70010 Stuttgart
Tel.: +49 (0) 7 11 21 59-0
Fax: +49 (0) 7 11 21 59-1 30
wanderung@diakonie.de
www.diakonie.de*

*Raphaels-Werk
Dienst am Menschen unterwegs e.V.
Generalsekretariat, Adenauerallee 41, 20097 Hamburg
Tel.: +49 (0) 40 24 84 42-0
Fax: +49 (0) 40 24 84 42-26
kontakt@raphaels-werk.de
www.raphaels-werk.de*

*Verein für Internationale Jugendarbeit e. V.
Bundesgeschäftsstelle, Goetheallee 10, 53225 Bonn
Tel.: +49 (0) 228698952
Fax: +49 (0) 228694166
au-pair.vij@netcologne.de
www.ekd.de/au-pair*

Index

Abalone-Fischerei 19
Aborigines 26-27, 30, 32,
.... 121, 137
Adapter 54, 142
Adelaide 9, 18, 20, 67-68,
.... 83, 115, 121-122, 140
Agakröten 118
Alice Springs 20, 28, 67, 83, 145
Alkohol 26, 76, 78, 118,
.... 133, 137, 140, 147
Auktionen 69
Australian Capital Territory 5, 15,
.... 24, 42, 58, 64,
.... 72, 83, 87, 144
Australian Quarantine and
  Inspection Service 56-57
Australian Rules Football 35, 145
Australian Taxation Office 86, 95
Australische Dollar 12, 32
Auswandern auf Zeit 9, 49,
.... 51, 108, 127, 134
Autobahnen 75, 139
Autokauf 69
Automobilindustrie 18
Autoversicherung 73, 99

Babykurse 104-105
Backpacker 69, 78, 131
Bafög 108
Baked Beans 125
Ballarat 17
Banken 16-17, 20, 66, 102
Bankkonto 49, 59, 84
Barbecue 33-34, 79, 94,
.... 124, 138, 144-145
Barossa Valley 18, 121

Beach Volleyball 124
Bedrooms 64
Beglaubigungen 39
Beiladungen 53
Bergbaumaschinen 21
Berufsausbildung 37, 41, 43,
.... 49-50, 128
Betten 54-55
Bettwäsche 54
Bewerbung 83, 88, 112, 130
Bibliotheken 139
Bier 19, 33, 85, 126, 137
Bilder 11, 26, 62
Biometrische Daten 141
Blauringkrake 114
Blue Bottles 117
Blue Mountains 16, 121
Brisbane 21-23, 41, 55,
.... 67-69, 83, 118,
.... 121-122, 140, 153
Broadband/Internet 67
Buschbrände 25, 34
Buschfeuer 113
Buschwanderungen 115
Business Development
  Agencies 87
Business Lunch 89
Business Skills Visa 46
Busse 68-69

Cairns 22, 53, 143
Camping 55, 121, 131
Canberra ... 24, 27, 67, 122, 140
Cane Toads 118
Car Buying Services 71
Car Sharing 69
Car Wash Café 137
Central Business District 23,
.... 90, 137

Centrelink 35, 82
Container . . . 12, 53-56, 110-111
Cricket 13, 35, 124, 128
CSIRO 24

Daintree-Regenwald 22
Darwin . . 20, 53, 68, 76, 83, 154
Dauer 37, 41
Dauervisum . . 46-47, 50, 87, 100
Detention Centres 36
Deutsche Auslandsschulen . . 109
Deutsche Wochenzeitung . . . 122
Deutschsprachige Gemeinde . 122
Deutschsprachige Medien . . . 122
Deutschsprachige
    Stammtische 122
Deutschsprachige Webseiten . 159
Diamanten 21
Didgeridoo 79, 137
Dingo 25, 29-30
DVD Spieler 54

Einbauschränke 63
Einwanderungsbehörde . . 35, 38,
 . . . . 45, 51, 129, 159
Einwanderungsberater . 9, 12, 36
Einwohnermeldeamt 10,
 . . . . 58-59, 138
Eisenbahnnetz 139
Elektrische Geräte 54
Eltern-Visa 47-48
Employer Sponsored Visa 45
Energien 13
Entfernungen 23-25, 28,
 . . . . 53, 76, 100, 113, 131
ESL – Kurse 108
Essen im Restaurant 125

Fähren 68

Fahrräder 138
Fahrschule 77
Fahrzeugan- und ummeldung . 71
Fax 55
Feierabendbier 89-90
Feiertage 34, 85
Fernseh- u. Rundfunkgebühr 138
Fernsehprogramm 122-123
Festivals 18, 121
Festnetzanschluss 67, 143
Feuerameisen 55, 118
Finanzamt 86, 95-96, 98
Finanzjahr . . . 10, 58, 95-96, 105
Finanzzentrum 16
First Home Buyers' Grant 66
Fliegen 25, 29, 145
Flinders Ranges 18, 121
Flip-Flops 137
Football (Australian rules) . . 124
Foreign Investment Review
    Board 66
Forschungsinstitute 24
Fremantle 111-112
Fremdenverkehr 22
Führerschein . . 59, 72, 75-78, 89
Fundraising 31
Funnelweb Spider 61, 114
Furnished apartments 67

Ganztageskrippen 105
Garage Sales 67
Gebrauchte Möbel 67
Gebrauchtwagen 69-71
Geburt in Australien 104
Gegengifte 115
Gehälter 80, 140
Geländewagenfahrer 121
Gerichte 138
Geschäfte 46, 85, 125-126

Geschichte 11, 24, 30, 89
Geschwindigkeitsbegrenzung . 75
Gesundheitssystem 40, 100
Gewerkschaften 85-86
Ghan 20, 25
Glückspiel 35
Goanna-Echse 25
Goethe-Institute 109, 122
Gold 17, 20-23, 41
Goldgräber 124, 146
Golfer 121
Grampians Nationalpark 17
Great Barrier Reef 13, 22
Great Ocean Road 17, 52
Green Slip 73

Häfen 139
Haftplichtversicherung ... 73, 99
Haie 113, 118
Handelskammern 83
Handwerker 11, 23, 31, 37,
.... 40, 42, 54, 90
Handy 88, 134
Häuser ... 34, 60, 62-64, 66, 115
Hausratversicherung 99
Haustiere 56, 118
Hautkrebs 141
Heimweh 111, 128
Heiraten 138
Herstellende Industrie 17
Hitze 25, 60, 113
Hobart 19, 67-68, 83, 140,
.... 154-155, 157
Hook Turn 76
Hotel 58, 103, 139
Humor 32
Hunter Valley 16, 121
Huntsman 114
Huntsman Spinne 61

IELTS 39-41, 46, 50
Immobilien 60, 63, 66
Impfung 57, 100, 104
Infrastruktur 23, 25, 37, 139
Internet 53, 59, 67, 69,
.... 75, 82, 133, 139
Internet-Cafe 139
Internettelefonie 143
Invest Victoria 17
Investor Retirement Visa 49
Irukandji-Qualle 117

Jahreszeiten 139
Jet Lag 139
Jobagenturen 82
Jobanzeigen 82
Jobsuche 82, 84

Kaffee 23, 124, 137, 140
Kakadu und Litchfield
 National Park 20
Kakerlaken 60-61
Kammerjäger 60
Kangaroo Island 18
Känguru 13, 15, 25, 76,
.... 78, 110, 120, 134,
.... 146-147, 149-150
Kauf eines Hauses 65
Kaufvertrag 73
Kaution 62, 65
Kegelschnecken 114
Kinder 26-27, 30-32,
.... 37, 48, 58-59, 62,
.... 65, 101, 104
Kindergeld 82
Kindermädchen 105, 132
Kleiderschränke 55
Kleidungsstil 90

Klima ... 13, 20-21, 60, 106, 140
Klischees 35
Koala 58, 76, 110, 120, 134
Kohle 16, 21, 23
Konsulate 141
Kontinent 10, 13-14, 18,
.... 20, 23, 26, 33, 37,
.... 57, 62, 88, 102,
.... 113-114, 119, 127-128
Korkengebühr 125, 137
Kosten 12, 36, 38, 64, 73,
.... 96, 98, 100, 121, 129
Königin 34, 141
Krankenversicherung 12, 49,
...... 58, 97, 99-100, 128, 130
Krankheitstage 85
Kreditbroker 66, 102
Kredite 102, 125
Kreditkarte 103
Kreisverkehre 75
Krokodil 22, 113, 118-119
Küche 33, 63-64, 125
Kühlschrank 54, 118
Kultur .. 17, 24, 26, 31, 122, 137
Kulturförderung 121
Kündigungsfrist 85
Kuringai National Park 16

Lamingtons 33, 138
Lampen 55, 63
Langstreckenflug 139
Lebenshaltungskosten ... 80, 140
Lebenslauf 88
Lebensmittelproduktion 19
Leichtathletik 124
Living Away From Home
    Allowance 98

Makler 62, 64-65

Manieren 32
Meat Pies 33, 125, 138
Medicare . 35, 37, 59, 97, 99-100
Melbourne 2, 10, 17, 24,
.... 35, 41, 57, 63, 65,
.... 67-69, 76, 90, 98, 107,
.... 109, 121-122, 140, 142, 153
Message Bank 55, 140
Mieten 64
Mieterschutz 64
Mietpreise 63, 65
Mietrecht 64
Mietzins 65
Militärstandort 20
Mobiltelefone 67
Modedesigner 126
Modem 55
Mornington Peninsula 17, 90, 121
Museen Australiens 121
Mutter Großbritannien 141
Müttergruppen 105
Mutterschutz 85

Nachrichtensendungen .. 33, 123
Nationalstolz 34
Netball 124
Neuwagen 69
New South Wales 15-16, 42,
.... 60, 64, 70, 72, 76,
.... 87, 112, 140, 144, 146
Newcastle 16, 41
Noosa 22
Northern Territory ... 15, 20-21,
.... 27-28, 41-42, 60, 65,
.... 67, 72, 75, 144-145
Notrufnummer 119, 141

Occasional Care Centres 105
Occupational Trainee 50

Occupational Traineeship ... 130
Ofen 55, 64
Öffentliche Verkehrsmittel 59, 68
Öl- und Gasfelder 21
Online-Jobvermittler 83
Opernhaus 121
Outback 13, 15, 18, 25-26,
.... 28-29, 70, 101, 106,
.... 113-114, 120, 132
Overseas Student Programm .. 49
Ozonloch 141

Papiererzeugung 20
Parkregeln 75
Parlament 24
Partner Visa 47
Pass 51, 77, 129, 138, 141
Pass Mark 44
Pavlova 33, 138
PAYG 96
Perth 76, 110, 121-122,
.... 133, 140, 142, 154
Pferderennen 35
Phillip Island 17
Pink Slip 73
Poker-Maschinen 35
Politik 24, 31
Pool Mark 44-45
Port Stephens 16
Portuguese Man of War 117
Post 133, 141, 149
Praktikum 50-51, 130-131
Pressure-Immobilisation-
  Methode 115
Privaten Krankenzusatz-
  versicherung 100
Privatschule 106-107
Punktetest 41, 43, 50
Pünktlichkeit 27, 90

Quallen 113-114, 116-118
Quark 141
Queen's Birthday 34, 141
Queensland 15, 21-23, 30,
.... 41-42, 60, 63, 65,
.... 71-72, 80, 83, 87,
.... 114, 116, 144

Radfahrer 23, 75
Radiostationen 123
Rauchen 142
Real estate agents 64
Redback Spider 61
Referral System 101
Regenwälder 10
Regional Areas 40
Registrierung 70-73
Registrierungsbehörde 77
Rentenvorsorge 101
Rentner 49
Rentnervisum 48
Responsible service of alcohol 133
Rettungsschwimmer 31, 136, 148
Reverse Cycle Air Conditions . 60
Rindfleisch 15, 21
Roadtrains 26, 76
Rotrückenspinne 29, 61, 114-115
Royal Flying Doctor
  Service 26, 101
Royal National Park 16
RSL Clubs 142
Rucksacktouristen 131
Rudern 124
Rugby 13, 35, 124, 128
RWC 73

Sandstürme 25
Schafe 15
Schecks 102

Schiffsbau 16
Schlangen .. 25, 29, 115-116, 118
Schnabeltier 114, 120
School of the Air 26, 106
Schule 14, 32, 35, 49, 59,
.... 65, 89, 104, 106-109,
.... 128, 136
Schüleraustausch 127
Schuljahr in Australien 127
Schulsystem 106, 109
Schuluniform 106-107, 128
Schwerindustrie 16
Schwimmen .. 112-113, 119, 124
Seafood 34, 125
Seasonal Work 51-52
Seewespe 116
Segeln 124
Segelregatta 19
Selbständig arbeiten 86
Selective Schools 107
Shopping Centre 126
Skifahren 140
Skilled Visa 37-38, 41-42,
.... 46, 129
Skorpion 29, 114
Southern Highlands 16, 121
Sozialversicherungs-
  abkommen 101
Spielgruppen 105
Spinne 114
Spinnen 25, 29, 60-61, 114
Sport 17, 31-32, 34-35,
.... 79, 81, 104, 123
Sprachkurs 49, 51, 59, 127
Sprachschule 59, 128
Spülmaschine 54, 64
Staatsbürgerschaft 47-48,
.... 104, 137-138
Stahlindustrie 16

Staubsauger 54
Steckdosen 142
Steuerarten 96
Steuerberater 95-97
Steuererklärung 58, 95
Steuererleichterung 98
Steuern 95-98, 133
Steuernummer ... 59, 82, 95, 133
Stiche oder Bisse von
  Gifttieren 115
Stil der Häuser 62
Strom 58, 67, 142
Stubbie-Holder 33
Studentenvisum 49-50, 131
Studiengebühren .. 50, 108, 128,
.... 130, 138
Studium .... .44, 49-51, 89,
.... 106, 108, 128-130
Suburbs 142
Südaustralien 15, 18, 42, 60,
.... 65, 72, 74, 83, 87, 144
Südhalbkugel 139
Sunshine Coast 22, 121
Superannuation 101, 133
Supermärkte . 20, 35, 85, 125-126
Surfen 13, 85, 124, 135-136
Surfers Paradise 22
Sydney 9-10, 16-17, 19,
.... 23-24, 31, 41, 57, 60,
.... 63, 65, 67-69, 76, 78,
.... 80, 83, 90-92, 98, 107,
.... 109, 114, 118, 121-122,
.... 134-135, 140, 142

TAFE College 107
Tagesmütter 105
Tageszeitung 67, 83
Tageszeitungen 121-122
Tall Poppy-Syndrom 121

Tasmanien 19-20, 41-42, 60,
.... 87, 93, 121, 140, 144
Tax File Number 84, 95
Telefon . 55, 58, 67, 88, 139, 142
Telefonieren 139, 142-143
Telefonkarten 142
Telstra 59, 67
Temperaturen 113, 140
Temporäre Visa 37
Tennis 124
Termiten 61
Tippfehler 143
Trading Post 67, 71
Trambahnen 68, 76
Transport-Versicherung 54
Traumstrände 10, 120
Trichternetzspinne 114-115
Trinkgeld 143
Trockenheit 25, 140
Trockner 54
Übersetzer 39

Uluru 143
Umgang miteinander 89
Umweltprobleme 13
Universität 51, 107-108,
.... 128, 130-131, 151
Unterkunft 58, 132
Uran 21, 23
Ureinwohner 26, 30, 32, 143
Urlaub 11, 22, 36-37, 51,
...... 72, 85, 91-92, 110, 127

Vegemite 33, 125, 138
Verbotene Importe 55
Verkehrsregeln 74
Verkehrssünder 75
Victoria 15, 17, 41-42,
.... 60, 64, 72, 74, 83,
.... 87, 140, 144
Visum 11, 15, 28, 36-38,
.... 41, 45-50, 52-53, 58,
.... 66, 87, 98, 131-132
VoIP 67, 139, 143
Vorschule 105, 109
Vorstellungsgespräch 88
Vorwahlen 143

Wachstumsregionen 80
Wahlpflicht 144
Wait to be seated 143
Wartezeit 48
Wartezeiten 41
Waschmaschine 54, 64
Wasser 16, 25, 28-29, 54,
.... 58, 62, 67, 113-114,
.... 117, 144
Wassersportler 35
Webkamera 143
Wechselkurse 103
Wechselstromspannung .. 54, 142
Weihnachten .. 19, 34, 108, 139,
.... 144, 146
Wein 16, 18-19, 34,
.... 52, 56, 90, 120,
.... 125-126, 137, 149
Westaustralien ... 15, 23, 42, 60,
.... 63, 65, 70, 72, 74,
.... 80, 83, 110, 112, 116,
.... 140, 144
Wirtschaft ... 13, 15, 21, 24, 125
Witchetty Grubs 27
Wohnungen 10, 55, 60, 62,
.... 64, 66-67
Wollemi Pine 121
Wollongong 16, 41
Wombat 76, 120
Working Holiday 28, 41

Working Holiday Visum . 50, 131

Xmas 144

Yum Cha 144

Zeitungs- und Zeitschriftenangebot 123

Zeitzonen 14, 144
Zentralheizung 60
Zeugnisse 82, 88
Zigaretten 140, 142
Zoll- und Quarantäne-
  bestimmungen 54-55
Züge 68-69
Zyklon Tracy 20

Aborigines-Tänzer am Australia Day

Working Holiday Australien – Jobhopping Down Under
Alles Wissenswerte für unterwegs, Jobs, Praktika, Autokauf, tausend nützliche Adressen und Möglichkeiten das Reisebudget zu strecken.

Farmjobs in Neuseeland
Farmer suchen Helfer bei landwirtschaftler Tätigkeit, Kinderbetreuung, Haus u. Hof

Wwoof in Australien
Wwoof Independent (weltweit)
Bequeme Zahlung in Euro ohne Wechselgebühren

http://shop.interconnections.de

Studieren im Ausland
Studieren mit Stipendien Deutschland – Weltweit / Horst H. Siewert

Ob Auslandsstudium oder Japanpraktikum für den Managernachwuchs: Wer ein Auslandsstudium als Karrierebaustein ins Auge faßt, braucht Geld, und wer ein Auslandspraktikum absolvieren möchte, profunde Informationen. Licht ins Dickicht der öffentlichen, halbstaatlichen und privaten Förderungsmöglichkeiten bringt das vorliegende Buch. Eine Fülle von Adressen und praktischen Hinweisen wendet sich an alle hellen Köpfe, die bereits während des Universitäts- oder Fachhochschulstudiums unkonventionelle Ausbildungs- und Finanzierungswege beschreiten.

Erhältlich über http://shop.interconnections.de

- Jobben Weltweit
- Jobben für Natur und Umwelt
- Farmjobs in Neuseeland
- Ferienjobs und Praktika – Großbritannien
- Lust auf Frankreich
- Ferienjobs USA
- Praktika USA
- Als Animateur ins Ausland
- Jobs auf Kreuzfahrtschiffen
- Jobs und Praktika, Studium und Sprachschulen – Italien
- Farmjobs in Australien – WWOOF

http://shop.interconnections.de

| **interconnections** | B ü c h e r - T i p p s |

Arbeiten auf Kreuzfahrtschiffen
Abenteuer, Exotik, rauhe See,
Service- und Knochenjobs

Als Animateur ins Ausland
Gästebetreuung zwischen
Traum und Wirklichkeit

**Internationale
Freiwilligendienste**
Helfen und Lernen weltweit

Jobben für Natur und Umwelt
Europa und Übersee
Adressen, Erfahrungsberichte, Tipps

http://shop.interconnections.de

Farmjobs in Neuseeland

Ein Jahr Mitgliedschaft und Hunderte von Jobmöglichkeiten auf rund 190
neuseeländischen landwirtschaftlichen Betrieben.

http://shop.interconnections.de

interconnections   B u c h - T i p p s

Jobben für Natur und Umwelt
Europa und Übersee

ISBN 3-86040-053-3

Ein unentbehrlicher Ratgeber für Schüler, Studenten und alle anderen, die sich für einen Einsatz im Umwelt- und Naturschutz interessieren.

Das Buch enthält nützliche Hinweise zu Bewerbung, Finanzierung, persönlichen Voraussetzungen, Qualifikationen, Besonderheiten sowie zahlreiche Adressen, die Jobs oder Praktika bieten. Bewerben kann man sich für eine Fülle von Stellen und Tätigkeiten – von Forschungsarbeiten und Bürojobs bis hin zur Bewachung von Vogelhorsten.

Internationale Freiwilligendienste
Helfen und Lernen weltweit

ISBN 978-3-86040-092-0

Freiwilligendienste – wie und wo? Im sozialen oder Umweltbereich? Beim Engagement für Menschenrechte? Tausend Fragen, auf die dieses Buch die Antworten liefert.

Aus dem Inhalt:
- ✔ Über 130 Adressen von Trägern der verschiedenen Dienste mit ihren Angeboten
- ✔ Leitfaden zur Bewerbung über Vorbereitung bis hin zur Rückkehr
- ✔ Ehemaligenorganisationen
- ✔ Alles Wissenswerte und die Erklärungen der einzelnen Programme, wie z.B. „Freiwilliges Soziales Jahr", „Europäischer Freiwilligendienst", „Missionar auf Zeit" u.a.

http://shop.interconnections.de